民办高等教育政策变迁研究

罗腊梅 著

科学出版社

北京

内 容 简 介

本书系统回顾和梳理了改革开放至今民办高等教育政策变迁的历史脉络，审视了各个历史阶段的政策特征与影响，解析了政策变迁的动因，总结了取得的成绩与存在的问题，提出了改革思路，预测了民办高等教育政策的发展方向。

本书既可作为高等院校教育学相关专业的教材，也可作为民办高等教育理论研究者和管理实践者的参考书。

图书在版编目（CIP）数据

民办高等教育政策变迁研究/罗腊梅著. —北京：科学出版社，2020.5
ISBN 978-7-03-059262-0

Ⅰ．①民⋯　Ⅱ．①罗⋯　Ⅲ．①民办高效-教育政策-研究-中国
Ⅳ．①G648.7

中国版本图书馆 CIP 数据核字（2018）第 251009 号

责任编辑：王 彦 辛 桐 / 责任校对：赵丽杰
责任印制：吕春珉 / 封面设计：东方人华设计部

科 学 出 版 社 出版
北京东黄城根北街 16 号
邮政编码：100717
http://www.sciencep.com

北京中科印刷有限公司印刷
科学出版社发行　各地新华书店经销
*

2020 年 5 月第 一 版　　开本：787×1092　1/16
2020 年 5 月第一次印刷　　印张：8 3/4
字数：193 000

定价：70.00 元
（如有印装质量问题，我社负责调换〈中科〉）

销售部电话 010-62136230　编辑部电话 010-62130750

前　　言

同发达国家主要通过立法管理教育事业不同，由于我国的教育法制建设时间还不长，相当一段时间内我国对教育事业的管理更多地是通过政策来实现的。同时，由于我国基本实行统筹管理型的教育行政体制，国家教育政策的调整领域非常广泛，调整力度也比较强劲，教育事业的发展与党和政府的教育政策息息相关。国家民办高等教育政策在促进民办高等教育事业发展方面取得了有目共睹的巨大成就。但是，当前我国民办高等院校仍然存在诸多问题，民办高等教育的合法地位和正当权益难以得到保障，政策性障碍和制度性羁绊较多，在一定程度上影响了民办高等教育的发展。对民办高等教育政策进行研究，并分析其变迁的内在机理和发生机制，对今后政策体系的完善及民办高等教育的健康发展有着积极的意义。

近年来，私立高等教育在全球范围内得到了迅速扩张，并已成为高等教育系统的重要组成部分。据统计，在世界高等教育总规模中，私立高等教育约占 30%。也就是说，在世界 1.5 亿接受高等教育的学生中，约有 4500 万学生在私立高等教育机构接受教育[①]。2009 年，世界高等教育大会将私立高等教育作为一个重要议题，对私立高等教育公共规制系统和政策制定等进行了深入的探讨，并提出了明确的要求。私立高等教育在世界范围内的发展是不均衡的，其快速扩张主要出现在发展中国家，原因在于发展中国家公立高等教育系统无法满足日益增长的入学需求。我国民办高等教育为实现高等教育大众化目标发挥了积极的作用，已成为我国高等教育事业的组成部分，是我国高等教育事业发展的重要增长点和促进教育改革的重要力量。《国家中长期教育改革和发展规划纲要（2010—2020 年）》"第十四章办学体制改革"明确指出，"大力支持民办教育"，"各级政府要把发展民办教育作为重要工作职责"。促进公办、民办高等教育协调发展，是构建现代高等教育办学体系的必然要求。潘懋元教授对未来我国民办高等教育有较为明确的预测："到 2020 年，多种规模的民办高等学校及其学生，可能达到高等教育总数的二分之一以上，并将有若干民办高校成为各自定位的一流院校。"[②] 教育部 2017 年统计数据显示，民办高校共 747 所，占普通高等学校总数的 28%；民办高校毕业生数计 163.16 万人，占普通高等学校毕业生总数的 22%；民办高校在校生数共计 628.46 万人，占普通高等学校在校生总数的 23%。可以说在高等教育这个大家庭里，民办高等教育发挥着越来越重要的作用。从宏观的法律政策方面看，国家对民办高等教育的定位逐步发生变化，由初期定位为公办学校的补充，发展为高等教育的重要组成部分，再到《国家中长期教育改革和发展规划纲要（2010—2020 年）》中提出的把民办教育作为整个教育事业发展的重要增长点和促进教育改革的重要力量等，这些提法把民办教育提到了一个新的

---

① 阎凤桥.私立高等教育的全球扩张及其相关政策：对 2009 年世界高等教育大会报告文本的分析[J].教育研究，2010（11）：96.

② 潘懋元，林莉.2020：中国民办高等教育的前瞻[J].浙江树人大学学报（人文社会科学版），2005（3）：4.

高度。这也充分说明了民办高等教育在教育资源配置方式市场化改革中经受住了考验，实现了自身价值，初步展现出活力。

然而，民办高等教育在迅速发展的过程中也面临着许多危机。民办高等教育的发展"瓶颈"主要表现在两个方面：一是产权界定、法人性质模糊等外部制度环境的缺失；二是自身内部治理结构、运行机制的不完善。其负面作用逐步显现，已经严重制约了民办高等教育的发展。我国民办高校发展到今天，在高等教育体系中仍处在较低的层次。随着公办高校市场意识的不断觉醒和国外教育资本对中国高等教育的强势渗透，加之社会上一些人对民办教育存在偏见，近年来民办教育举步维艰，特别是受生源急剧下降、宏观政策调整等的直接影响，民办高校呈现整体走弱的趋势，表现在民办高等教育规模不断缩小、民办高校法人性质模糊、产权界定不清、办学特色不突出、专业同质化倾向严重等方面。

在我国，民办高等教育政策远远滞后于民办高等教育的发展，曾一度出现民办高等教育发展多年却没有相关的民办高等教育立法的局面，直到《中华人民共和国民办教育促进法》颁布，民办高等教育的政策体系才初步确立。可以说，我国"民办高等教育发展是民办高等教育政策演变的动力"①。虽然国家已经制定了一些有关民办高等教育的政策法规，但从总体上来看，我国民办高等教育政策仍滞后于实践，已不能满足民办高等教育发展的需要。

政策研究自产生以来，形成了多个研究视角，政策变迁研究是不可或缺的一部分。原因在于，任何一项政策都会随着时间的推移而发展，随着环境的变化而变化。政策学家丹尼尔斯（Daniels）指出，"由于现代社会的变化和不确定性，由于政策制定者无法准确预见现在的政策在将来的适应性，因此变迁不起作用的政策是政策制定者从他们的错误中吸取教训的途径之一"②。目前就我国而言，对政策制定和政策执行等已经有了一定的研究，但是对政策变迁的研究尚不充分。目前仅有相关著作对政策变迁的概念与基本类型进行了简要介绍，少量论文对政策变迁的因果过程进行了探索，也有一些论文对我国具体政策的变迁进行了研究，但是没有解释政策变迁的因果过程，也未能涉及规律性知识。因此，教育政策变迁是一个亟待研究的重要领域。

本书旨在以民办高等教育政策变迁为研究对象，基于历史制度主义视角剖析民办高等教育政策变迁的历史沿革，考察民办高等教育政策变迁的状况、特征及存在的问题，解读民办高等教育政策变迁的动因，阐释民办高等教育政策变迁中的路径依赖现象、效应和原因，并借鉴国外私立高等教育政策发展的科学经验，提出我国优化民办高等教育政策体系的策略。

作　者

2020 年 2 月

---

① 朱为鸿. 论中国民办高等教育政策的演变与趋势[J]. 教育发展研究，2006（22）：42.

② 张康之，范绍庆. 从公共政策运动到公共政策终结问题研究[J]. 东南学术，2009（1）：103.

目　　录

第一章　绪　　论

第一节　民办高等教育政策变迁的基本概念

"民办高等教育"是一个历史概念，在不同历史时期有不同的名称。"教育政策"是本书的核心内容，但学术界对其认识仍存在差异。而"教育政策变迁"是使民办高等教育政策呈现系统性与完整性的重要方式，是一个具阐释性的理论与实践相结合的词，具有丰富的内涵，对其进行界定和说明有利于我们更加明晰与准确地理解民办高等教育政策的历史、当前与未来。

一、民办高等教育

对于民办高等教育的概念和内涵，基于不同的视角，学者们给出了不同的解释。潘懋元的《关于民办高等教育体制的探讨》一文从民办高校的办学主体和办学经费来源两个方面指出，"民办学校，实质上相当于私立学校"[①]。魏贻通指出，"在建国初期，私立高等学校经过接收、调整等程序直接改为公办学校或者将其合并为公办学校"[②]。吴忠魁指出，"民办高校长期与社会力量办学等同使用，只要不是国家和政府机构，只要不利用国家财政性经费，所举办的学校或教育机构均在社会力量办学之列"[③]。而黄藤和王冠从由谁经营的角度指出，"无论投资主体是谁，凡不是由政府具体经营、自主办学的所有学校，我们都可以统称之为'民办学校'，或者谓之'民营学校'"[④]。概括起来，学者们主要从 4 个方面对民办高等教育的概念和内涵进行了界定：第一，办学主体；第二，办学经费的主要来源；第三，办学服务对象；第四，经营主体。学者们的各种解释均有合理性，但本书认为，一所高等学校只要符合其中一方面的标准就应该属于民办高等教育的范畴。

《中华人民共和国民办教育促进法》（以下简称《民办教育促进法》）第二条规定："国家机构以外的社会组织或者个人，利用非国家财政性经费，面向社会举办学校及其他教育机构的活动，适用本法。"其中虽然没有明确给出民办高等教育的概念，但是根据这一规定，可以从办学主体、经费来源和服务对象 3 个方面对民办高等教育进行界定，这样比较全面和科学。具体而言：第一，就办学主体而言，民办高等教育的创办者是国家

---

① 潘懋元. 关于民办高等教育体制的探讨[J]. 上海高教研究，1988（3）：35.

② 魏贻通. 民办高等教育研究[M]. 厦门：厦门大学出版社，1991：9.

③ 吴忠魁. 私立学校比较研究：与国家关系角度的分析[M]. 北京：北京师范大学出版社，1999：19.

④ 黄藤，王冠. 对我国民办教育理论研究基本问题的思考[J]. 陕西师范大学学报（哲学社会科学版），2004（s1）：107.

机构以外的社会组织或者个人，即联合办学主体或个人办学主体；第二，就办学经费来源而言，民办高等教育是自筹资金投资办学，其主要来源是非国家财政性经费；第三，就办学服务对象而言，民办高等教育是面向社会，以提供私人产品性质的教育服务为主的活动，其形式是学校或其他教育机构。

根据上述对民办高等教育概念与内涵的分析，本书认为，民办高等教育可以概括为：国家机构以外的社会组织或者个人作为办学主体和经营主体，利用非国家财政性经费筹集资金，面向社会公众举办并实施专科以上高等学历教育的活动。就目前来讲，民办高等教育的办学模式按教育产品的系统性和稳定性可大致分为 4 种：民办高等学历教育、高等教育学历文凭考试、高等教育自学考试社会助学和民办非学历高等教育[①]。本书所指的民办高等教育被界定为民办高等学历教育，而其他均不在本书的研究范围之内。

二、教育政策

目前，学界对教育政策概念的界定大致有以下几种。其一，教育政策是"负有教育的法律或行政责任的组织及团体为了实现一定时期的教育目标和任务而规定的行动准则"[②]；其二，教育政策是"一个政党或国家为实现一定时期的教育任务而制定的行为准则"[③]；其三，教育政策是"一种有目的、有组织的动态发展过程，是政党、政府等政治实体在一定历史时期、为实现一定的教育目标和任务而协调教育的内外关系所规定的行动依据和准则"[④]；其四，教育政策是"国家或政党为实现教育目标而制定的行政准则"[⑤]；其五，教育政策是"一种有关教育的政治措施，其次，教育政策是有关教育的权利和利益的具体体现"[⑥]；其六，教育政策是"公共政策的一部分，它是由政府及其机构和官员制定的，调整教育领域社会问题和社会关系的公共政策"[⑦]；其七，教育政策是"由执政党和政府制定与颁布的用以指导、规范教育事业发展的一切价值准则与行为规范的总称"[⑧]。另外，其他一些权威辞书如《辞海》等大多把教育政策解释为"政府或政党所规定的行动准则"[⑨]。

从上述对教育政策的定义来看，大多数观点是从静态的角度理解教育政策的，只是其中第三种观点将教育政策放入动态的发展过程中去理解，而且大多数观点把教育政策理解为某种"文本"或各种文件的总称，即一种或多种行动依据、准则或措施，突出了教育政策作为行动依据和准则的意义。然而这种静态的认识并不能准确、清晰地表达教育政策的本质。教育政策除了表面形式的政策文本之外，还包含这些依据或准则是谁制

---

① 王虹. 民办高等教育的现状分析及发展对策研究[D]. 天津：天津大学，2004：2.
② 成有信. 教育政治学[M]. 南京：江苏教育出版社，1993：201.
③ 袁振国. 教育政策学[M]. 南京：江苏教育出版社，1996：115.
④ 孙绵涛. 教育政策学[M]. 武汉：武汉工业大学出版社，1997：10.
⑤ 萧宗六. 教育方针、教育政策和教育法规[J]. 人民教育，1997（11）：36.
⑥ 张新平. 简论教育政策的本质、特点及功能[J]. 江西教育科研，1999（1）：36-37.
⑦ 刘复兴. 教育政策的价值分析[M]. 北京：教育科学出版社，2003：30.
⑧ 褚宏启. 教育政策学[M]. 北京：北京师范大学出版社，2011：4.
⑨ 辞海编辑委员会. 辞海[M]. 上海：上海辞书出版社，1979.

定的、为什么制定、为什么这样制定、需要谁来执行、执行后会产生怎样的结果、会对哪些人或物产生什么样的影响等内容。这样的实质内容是无法在静态的政策文本描述中体现的。基于这样的认识，本书比较赞同孙绵涛关于教育政策概念动态过程的界定，他认为教育政策是"一种有目的、有组织的动态发展过程，是政党、政府等政治实体在一定历史时期、为实现一定的教育目标和任务而协调教育的内外关系所规定的行动依据和准则"[①]。

　　基于以上对教育政策的理解，本书将民办高等教育政策概括为：一种有目的、有组织的动态发展过程，是由国家或政党在一定的时期为实现一定的教育目标而制定与颁布的关于民办高等教育事务的行动准则。

三、教育政策变迁

　　学界对政策变迁的关注和研究的历史并不长，直到 20 世纪 70 年代末，公共政策研究才开始重视这一领域。美国学者詹姆斯·E.安德森（James E. Anderson）在其著作《公共决策》中较早地提及政策变迁这一概念，并指出"所谓政策变迁，就是指一个或多个政策取代现有的政策，包括新政策的采行和现存政策的修正或废止"[②]。霍格伍德（Hogwood）和彼得斯（Peters）也指出，"不论是受到外在条件还是内在因素的影响，很少有政策一直维持着当初被采纳时的形式，相反地，它们持续不断地处于演化之中"[③]。我国学者陈潭指出"政策变迁是人类社会基本的正式制度变迁模式，是围绕集体行动而开展的自发的或通过人为安排的秩序演进过程"[④]。

　　政策变迁是在一个动态的过程中运行的，是对政策过程规律性的阐释。目前，已有不少研究从不同的视角或理论框架出发对政策变迁进行了阐释：动态均衡理论将政策变迁划分为政策失衡、政策创新与政策均衡 3 个阶段，认为政策变迁是因为原有的政策平衡被打破，通过政策创新实现旧政策到新政策的实质性转换使政策再次走向均衡，政策变迁是一个自然的过程环节[⑤]；起源于古生物学演化理论的间断-平衡理论认为"政策同时存在跳跃和几乎停滞的时期，就像演化是突变（间断）与渐变（平衡）的结合，政策总是呈现出间断式平衡的趋势"[⑥]；支持联盟框架提出了"一个相对明确地区分次要的和主要的政策变迁的标准，这些标准是引发政策变迁的重要先决条件，并认为主要的变迁是一个政策计划的政策核心方面的变化，比如政策的核心信仰、社会经济变革、统治联盟的变化等"[⑦]。本书对教育政策变迁概念做出如下界定：教育政策变迁是在教育政策环境的影响下，在教育政策供需矛盾和多元利益主体博弈所产生动力的作用下，在静态的教育政策文本和动态的教育政策价值取向不断变化的过程中，政策不断演化、修正或被其他政策取代的过程。

　①　孙绵涛. 教育政策学[M]. 武汉：武汉工业大学出版社，1997：10.
　②　詹姆斯·E 安德森. 公共决策[M]. 唐亮，译. 北京：华夏出版社，1990：4.
　③　Brian W. Hogwood and B. Guy Peters. Policy Dynamics[M]. New York: St. Martin's Press, 1983: 25.
　④　陈潭. 公共政策变迁的过程理论及其阐释[J]. 理论探讨，2006（6）：128-131.
　⑤　王骚，靳晓熙. 动态均衡视角下的政策变迁规律研究[J]. 公共管理学报，2005，2（4）：26-30.
　⑥　保罗·A 萨巴蒂尔. 政策过程理论[M]. 彭宗超，等译. 北京：生活·读书·新知三联书店，2004：125-149.
　⑦　保罗·A 萨巴蒂尔. 政策过程理论[M]. 彭宗超，等译. 北京：生活·读书·新知三联书店，2004：150-221.

第二节　民办高等教育政策研究的意义

在现代社会语境中，政策对主要社会活动进行着规范与制约。例如，读大学受制于高考政策；就业受制于就业政策；生育受制于计划生育政策；看病就医受制于医疗政策；行车交通受制于交通政策等。政策与我们的学习、工作、生活密不可分。民办高等教育必须依靠政策的引导与调控，民办高等教育机构也需要政策来进行管理与规范。

一、政策研究已成为民办高等教育研究的重要课题

政策研究是一门研究政策现象和寻求政策解决方案的应用型、综合性学科。教育政策是国家公共政策的重要组成部分，它集中体现统治阶级和社会主体关于发展教育的意志和行动，起着协调和平衡各种教育关系的作用，并且能够引导和规范教育教学活动。它直接影响宏观教育事业发展的方向、速度、规模和效益，又间接影响微观教育活动的质量和效益，关系到社会和个人受教育的机会和质量。国家管理和发展民办高等教育，主要是通过制定和实施民办高等教育政策来实现的，因此，国家政策对民办高等教育的发展至关重要。《教育部 2015 年工作要点》就明确提出："鼓励社会力量兴办教育。出台鼓励社会力量兴办教育的政策文件，召开全国民办教育工作会议。研究制定民办学校分类管理配套政策。"①

政策研究在我国的起步较晚，始于 20 世纪 80 年代初期。随着政策研究在我国政治、经济、社会等领域的广泛应用，教育领域也逐渐深化了对政策研究的认识，相关学者提出教育政策学是一门极具生命力的新兴学科，它将成为未来教育学研究的核心学科，强烈呼吁"拓展教育研究，走向教育政策分析"，教育政策研究的著作和论文越来越多。在研究过程中，学者们达成共识："没有研究的教育政策不可能成为好的政策，不关心教育政策的研究难以成为有价值的研究。"② 教育政策研究之所以受到重视，是因为教育政策是联结教育理论与实践的桥梁和中介，是教育理论走向教育实践的主要推动力量，不仅对教育实践有着巨大的制约与牵引作用，还对理论研究发挥着相当程度的导向作用。可以说，教育政策是教育事业发展的灵魂，没有正确的教育政策做指导，教育事业的发展将寸步难行。

世界各国私立教育的发展过程表明：私立高等教育的繁荣和衰败与国家政策的认可程度和行政管理的严格程度息息相关，而且在发展过程中，大多数转折点是以政策的颁布为标志的。从当代我国民办高等教育发展历程来看，政策对民办高等教育发展的作用很大，可以说关系到民办高等教育的生死存亡。"20 世纪 50 年代我国私立大学的完全消

① 中华人民共和国教育部. 教育部 2015 年工作要点[EB/OL]. （2015-03-01）[2018-09-17]. http://www.moe.gov.cn/publicfiles/business/htmlfiles/moe/moe_164/201502/183971.html.
② 袁振国. 教育政策分析与当前教育政策热点问题[J]. 复旦教育论坛，2003（1）：29.

失到 20 世纪 80 年代民办高等教育的恢复发展无不是政策作用的结果。"①改革开放后，我国民办高等教育的恢复与发展，更是国家教育政策的产物。可以说，我国民办高等教育的每一次大发展都离不开政策的认可、鼓励和支持。从某种意义上说，改革开放以来我国民办高等教育政策变迁，既是一部政策发展史，又是民办高等教育发展的缩影。民办高等教育政策不但体现了民办高等教育的时代特征，代表了民办高等教育发展的时代走向，而且成为民办高等教育健康发展的有力保障。民办高等教育政策作为教育政策的一部分，是民办高等教育理论研究与实践活动的桥梁和中介，引导和规范着理论研究和实践活动。具体来看，它引导和规范着学界如何开展理论研究，引导和规范着民办高校如何开展教育活动，引导和规范着民办高等教育工作者如何具体实施教育实践，引导和规范着民办高等教育机构培养出什么样的学生。因此，民办高等教育政策研究应成为民办高等教育研究工作的重中之重。

我国地域辽阔，各地政治、经济、文化发展不均衡，完善地方的民办高等教育政策也需要加强对民办教育政策的研究。实践表明，凡是民办高等教育发展较好的地区，均对民办教育政策研究较多，并较早和较完善地制定了本地区的民办教育政策。例如，陕西，对民办教育的政策法规一直较为重视，尤其是《中华人民共和国民办教育促进法》颁布后，他们率先出台全国第一部地方性配套法规《陕西省民办教育促进条例》，对陕西的民办高等教育事业起到了重要的促进和保护作用。从全国范围来看，西安民办高等教育优势明显，不但数量多、规模大，而且办学层次高，民办本科高校占全国同类院校的 1/6，居各省区之首②。可见，加强民办教育政策研究不仅是完善民办高等教育政策的客观要求，也是民办高等教育快速发展的有力保障。然而，目前我国的民办高等教育政策体系还不完善、不健全，存在不少问题。因此，对民办高等教育政策的深入系统研究，无论是对发展民办高等教育，还是对完善民办高等教育政策，都意义重大。

改革开放以来，我国民办高等教育事业的发展状况与民办高等教育政策紧密相连，民办高等教育政策成为民办高校发展的可靠保障。从某种意义上讲，我国民办高等教育的发展史，就是民办高等教育政策的演变史。无论是想对这段历史进行分期，还是要寻找某个历史转折点，都离不开对民办高等教育政策的分析，可见我国民办高等教育发展的政策性尤为明显。要研究我国的民办高等教育，从政策分析入手是一个必要而且重要的角度。

二、推动民办高等教育政策的发展与完善

我们不仅仅要研究民办高等教育政策的发展进程，更要深入研究其变迁历程。换言之，只有民办高等教育政策不断发展与完善，才能更好地满足社会对政策的需求，更好地规范民办高等教育未来发展的目标。尽管社会和学界绝大多数人认为民办高等教育政策及政策研究至关重要，但是民办高等教育政策研究尚未得到足够重视。

利用中国知网对于民办高等教育进行相关文献搜索（不含硕士和博士学位论文），

---

① 饶爱京. 民办高等教育政策及其对民办高等教育发展的影响[J]. 黑龙江高教研究，2006（10）：1.
② 彭宏. 陕西民办高等教育呈现八大特点[N]. 华商报，2008-06-30（12）.

输入主题"民办高校"，2000~2018 年的文献共计 24 296 篇；输入主题"民办高等教育"，2000~2018 年的文献共计 7998 篇；输入主题 "民办高等教育政策"，2000~2018 年的文献共计 565 篇（其中输入主题 "高等教育政策"，文献共计 379 篇）；输入主题 "民办高校政策"，2000~2018 年的文献共计 1676 篇；输入主题 "民办高等教育政策变迁"，2000~2018 年的文献共计 15 篇。利用中国知网关于民办高等教育问题研究的硕士和博士学位论文搜索，输入主题 "民办高等教育"，2000~2018 年的论文共计 1786 篇；输入主题 "民办高等教育政策"，2000~2018 年的论文共计 333 篇，其中 83 篇为博士学位论文，但是以 "民办高等教育政策" 为直接主题的博士学位论文仅有 1 篇。可见，民办高等教育虽然引起有关专家和学者的重视，但与民办高等教育研究、民办高校研究、高等教育政策研究相比，民办高等教育政策研究明显不足。关于民办高等教育政策或民办高校政策研究的著作和学位论文数量十分有限，仅有林小英的著作《教育政策变迁中的策略空间》和少量学位论文，如王萍的《困境与出路：我国民办高等教育政策解读》、佟欣的《改革开放以来我国民办高等教育政策演变分析》和丛培娟的《我国民办高等教育政策制定中存在的问题与改进建议》。林小英对我国改革开放以来民办高校的发展进行了大量的案例调查，对民办高等教育政策制度及其演变进行了系统的梳理和分析，进而探讨了民办高校发展与其政策变迁之间的关系，并提出政策空间的存在为民办高校的策略行为提供了较大的活动空间，从而构成了民办教育政策变迁的基本动力①。以上情况表明，民办高等教育政策研究尚未引起足够的重视。但这种现象并不奇怪，因为教育政策本身还是一门发展不成熟的学科，民办高等教育政策研究更是一个新兴的领域，呈现滞后状态是可以理解的。

传统的政策循环论认为，"绝大部分公共政策都经历这样一种线形（性）过程：问题建构、议题设定、政策规划、政策设计合法化、政策执行与结果评估，而没有关注公共政策的变迁过程。事实上，在不可胜数的政策中，由提案到结束循此一规律的少之又少，绝大多数政策都会经历次数不等、规模不一的变迁过程"②。根据政策过程的间断平衡理论，某些政策在变迁过程中甚至会经历较长期的停滞。因此，只有将政策变迁纳入政策研究的视野，才能构建完整的政策知识和动态的政策变迁过程。改革开放以来，民办高等教育政策的变迁过程反映了民办高等教育的发展历程。民办高等教育政策变迁研究正是以历史为切入点来对民办高等教育政策进行的历史回顾、当下反思与未来预测。因此，对民办高等教育政策变迁的研究，既包含着对民办高等教育政策的现实观照，也包含着对未来民办高等教育政策的探索。

哪里突破了学科的藩篱，哪里就会取得学科的进步。本书正是突破了民办高等教育学科的藩篱，以改革开放以来的民办高等教育政策变迁为研究对象，回顾与梳理其主要内容、主要特征和主要影响，审视其影响因素及作用，解读变迁动因，并总结与反思取得的成绩和存在的问题，从而探讨与预测民办高等教育政策的改革思路与未来走向。

---

① 林小英. 教育政策变迁中的策略空间[M]. 北京：北京大学出版社，2012.

② 杨代福. 西方政策变迁研究：三十年回顾[J]. 国家行政学院学报，2007（4）：104-108.

第三节 民办高等教育政策变迁的主要研究内容和阶段划分

一、民办高等教育政策变迁的主要研究内容

民办高等教育政策变迁研究不仅仅在于揭示政策"变了什么""如何变",更重要的是揭示政策"为什么变""变的效果如何""将变向何方"。民办高等教育政策变迁的主要研究内容涉及以下问题。

1)改革开放至今的民办高等教育政策发展历程可以划分为几个阶段?划分依据是什么?

2)民办高等教育政策各个发展阶段的主要内容是什么?其主要特征是什么?其主要影响有哪些?

3)民办高等教育政策变迁的主要动因是什么?当前民办高等教育政策取得了怎样的成效,存在怎样的问题?

4)当前民办高等教育政策面临怎样的挑战?其改革思路与未来走向是什么?

针对以上 4 个方面的问题,本书从历史、当前和未来 3 个时间维度,通过回顾民办高等教育政策内容、梳理其政策特征、审视其政策影响,具体回答民办高等教育政策"变了什么"和"如何变";再通过对民办高等教育政策变迁动因的分析,探寻其发展规律,进而对民办高等教育政策的成绩与问题进行阐释,并结合面临的挑战,探讨民办高等教育政策的改革思路,预测其发展趋势,从而回答民办高等教育政策"为什么变""变的效果如何""将变向何方"。通过解决上述问题,本书试图建立民办高等教育政策从历史到当前再到未来、从外延到内涵、从宏观到微观的较为系统的立体化的认识框架。

二、民办高等教育政策变迁的阶段划分

民办高等教育政策变迁的分期遵循"主要特征呈现"原则,具体可分为"破冰引航:民办高等教育政策的滥觞与起步(1982~1993 年)""彷徨前行:民办高等教育政策的推进与发展(1993~1999 年)""有法可依:民办高等教育政策的拓展与延伸(1999~2010年)""迈向治理:民办高等教育政策的调适与深化(2010 年至今)"4 个阶段。

这样的阶段分期主要基于民办高等教育的发展实践。我国民办高等教育的历史可追溯至私立大学开始创办的 1905 年。中华人民共和国成立后逐步取消了私立大学,直至改革开放之后才开始逐渐成立民办高校。虽然我国的私学历史悠久,但我国民办高等教育与私学教育之间没有历史继承性。正因为缺乏历史继承性,中华人民共和国成立以前的私学教育不在本书的研究范围之内。因为中华人民共和国成立之初至改革开放这段时期的私立高等教育发展完全停滞,所以我国当代民办高等教育发展始于 1978 年改革开放以后,而民办高等教育政策变迁的起点则要推至 1982 年《中华人民共和国宪法》(以下简称《宪法》)颁布,这是最早与民办高等教育相关的政策法规。

本书对民办高等教育政策变迁做了 4 个阶段的界定，加之是以各阶段民办高等教育政策的主要特征为基础进行研究的，因此，民办高等教育政策的主要特征是本书的核心部分。

第四节　国内民办高等教育政策研究的现状

现在，民办高等教育已成为我国社会主义高等教育的重要组成部分。随着民办高等教育的地位不断提升、作用不断加强，学界对民办高等教育的关注日渐增多。

一、关于民办高等教育政策的研究

改革开放以来，我国民办高等教育得到了长足的发展，民办高等教育政策的作用不容忽视。厦门大学潘懋元教授 1988 年 6 月 22 日在《光明日报》上发表的《关于民办高等教育体制的探讨》是民办高等教育政策研究的起点，为我国民办高等教育政策研究工作拉开了序幕。目前民办高等教育政策研究成果散见于各类报纸、学术期刊和专业论著。民办高等教育政策研究大致涉及以下几个方面。

（一）关于民办高等教育政策的综合性研究

民办高等教育政策作为教育政策的一部分，是联结民办高等教育理论与实践的桥梁，对教育理论与教育实践均发挥着引导和规范的作用。对民办高等教育理论研究者而言，这是引导和规范如何开展理论研究；对各级政府而言，这是引导和规范如何对民办高校进行管理；对民办高校而言，这是引导和规范如何开展教育教学实践。因此，民办高等教育政策研究理应成为民办高等教育研究工作的重中之重。尽管绝大多数人认为民办高等教育政策及其研究至关重要，但是相关学术活动尚未受到足够的重视。学界对于民办高等教育政策综合介绍性的研究并不多。20 世纪 90 年代末开始，随着学界日益关注民办高等教育政策研究，一些综合性的研究成果才得以展现。

1997 年，由红旗出版社出版的《中国社会力量办学大辞典》（上、下卷）专门论述了民办高等教育的政策规章和法律，并且强调我国民办高等教育应由量变向质变转变；认为国家必须制定切实可行、积极鼓励的教育政策，对民办高等教育加以必要的引导和适度的规范；要积极推动和鼓励社会力量以各种形式办学，不断满足民众日益增长的高等教育需求，在政府的宏观引导下形成民办和公办高校共同发展的格局；要进行体制改革，形成规范运作，包括建立高校法人治理结构、明晰民办高校的产权关系等；在此过程中，政府的财政资助政策要灵活多样，师资人才制度要鼓励合理流动，学生待遇制度要公平合理等[1]。2000 年 1 月，由北京教育科学研究院民办教育研究咨询服务中心编印的《社会力量办学政策法规选编》收录了一些改革开放以来国家及北京等地区关于民办高校的重要政策法规文件。2001 年，全国人民代表大会教育科学文化卫生委员会编纂的

---

[1] 北京教育科学研究院. 中国社会力量办学大辞典（上、下卷）[M]. 北京：红旗出版社，1997.

《民办教育研究与立法探索》研究了民办高等教育立法的问题。2001 年，张随刚的硕士学位论文《民办高等教育政策研究》对民办高等教育政策问题进行了深入的分析与探讨，成为较早对民办高等教育政策进行综合性研究的成果。该文在分析民办高等教育政策发展的现状及问题之后，提出了政策调整的指导思想和原则，并具体提出了调整应着眼于建立 6 种机制 [市场进入与退出机制、公平竞争机制、利益回报（驱动）机制、宏观管理与自主办学机制、政府扶持机制和民办高校法人财产权制度]，从而较为全面地展示了民办高等教育政策的整体状况[①]。2009 年，佟欣的硕士学位论文《改革开放以来我国民办高等教育政策演变分析》选取改革开放以来出台的主要涉及民办高等教育的政策文本，分别从文本分析和价值分析两个维度对其历史演变进行了探究[②]。

（二）关于民办高等教育政策的反思性研究

事实上，民办高等教育政策自产生之日起便存在着各种矛盾与问题。一方面是民办高等教育自身在教育事业发展中所处的特殊地位，另一方面是不断变化的政策环境为民办高等教育政策的发展带来了诸多不确定的因素。因此，大多数学者以存在的问题入手对民办高等教育政策进行反思。

2001 年，邬大光教授在《教育发展研究》第 7、8 期先后发表《中国民办高等教育发展状况分析（上）——兼论民办高等教育政策》《中国民办高等教育发展状况分析（下）——兼论民办高等教育政策》，并从资助政策、产权政策、回报政策和信贷政策四个方面提出优化民办高等教育政策环境的策略[③④]。同年，邬大光教授再次发表文章《中国民办高等教育的市场化特征与政策走向分析》，通过对民办高等教育的市场化特征进行反思，提出"必须从资助政策、产权政策、回报政策和信贷政策 4 个方面优化其政策环境"[⑤]。2004 年，厦门大学张彤教授发表文章《加入 WTO 后中国民办高等教育政策调整与转变的趋势》，指出"中国加入 WTO 的现实背景，显然将引发新的办学实践，需要与之相应的新理念、新政策、新措施"，着重分析了 WTO 规则对民办高等教育的近期和远期影响，并进一步提出指导政策调整的核心理念和政策调整与转变的三大趋势[⑥]。2005 年，厦门大学李泽彧和唐拥华共同发表《关于中国大陆民办高等教育政策与法规若干问题的探讨》，从 3 个阶段对 1978～2004 年的民办高等教育政策的内容进行了简要介绍，并认为虽然"取得了不少重大的进展"，但是"现在的问题主要是如何办好、如何完善。政府依法治教和民办高校依法办学，已经成为我国民办高等教育持续发展健康发展的重要保证"[⑦]。2007 年，周国平的文章《改革开放以来（1978—2006）中国民办高等教育政策法规回顾与思考》，通过梳理改革开放以来民办高等教育政策法规的历史演

---

① 张随刚. 民办高等教育政策研究[D]. 厦门：厦门大学，2001：2.
② 佟欣. 改革开放以来我国民办高等教育政策演变分析[D]. 上海：上海交通大学，2009：Ⅲ.
③ 邬大光. 中国民办高等教育发展状况分析（上）：兼论民办高等教育政策[J]. 教育发展研究，2001（7）：23-28.
④ 邬大光. 中国民办高等教育发展状况分析（下）：兼论民办高等教育政策[J]. 教育发展研究，2001（8）：13-18.
⑤ 邬大光. 中国民办高等教育的市场化特征与政策走向分析[J]. 中国高等教育，2001（11）：35-38.
⑥ 张彤. 加入 WTO 后中国民办高等教育政策调整与转变的趋势[J]. 黄河科技大学学报，2004（2）：12-16.
⑦ 李泽彧，唐拥华. 关于中国大陆民办高等教育政策与法规若干问题的探讨[J]. 民办教育研究，2005（2）：30-33.

变，对民办高等教育政策法规的主要特征及存在的问题与不足进行了反思①。2007年，张胜军和张乐天共同发表文章《1978年以来我国民办高等教育政策建设的历史、成就与问题》，通过对 3 个基本阶段的建设历史和建设成就的分析，对民办高等教育政策存在的主要问题进行了反思②。2009年，佟欣的文章《三十年来我国民办高等教育政策价值取向的变迁》对改革开放 30 年来我国的民办高等教育政策的价值取向变迁进行了较为全面的分析，指出其"经历了从重社会需要到重个人需求、从重外延发展到重内涵建设以及从重规模扩张到重质量保障的变迁"③。2009年，王萍在其硕士学位论文《困境与出路：我国民办高等教育政策解读》中就民办高等教育政策展开了详细的历史回顾，分析了存在的问题及其成因，并借鉴国外私立高等教育政策的经验对我国民办高等教育政策提出了调整对策④。2010年，丛培娟在其硕士学位论文《我国民办高等教育政策制定中存在的问题与改进建议》中对民办高等教育政策制定的过程和存在的问题进行了总结和反思，从规范和明确民办高等教育政策制定的程序和标准、管理体制及机制的改革与创新、限定民办高校的校长人选资格、引进民办高校与公办高校的公平竞争机制、建立利益回报机制，以及合理的经费政策及产权政策等方面给出了改进建议⑤。2011年，成春燕的文章《改革开放三十年以来民办高等教育政策的追寻》通过对改革开放 30 年来的民办高等教育政策文本进行梳理，分析主要政策法规，对其现状与问题进行了反思⑥。2011年，王磊的文章《教育政策的常态性政策偏离——以 1980—1991 年的民办高等教育政策为例》指出民办高等教育的发展轨迹呈现出一种无法预测的、常态性政策偏离，并考察 1980~1991 年的民办高等教育政策，发现这样的常态性政策偏离尤其明显，而形成这种偏离的原因主要是当时的政治大环境、教育领域的实用主义哲学指导思想及我国的教育政策供给体制⑦。2012年，孙汭睿的文章《民办高等教育的国家政策姿态：计划、市场与分化》利用自由放任、中央计划和市场竞争这 3 个政治经济学中用于描述政策姿态的概念，分析了我国自改革开放以来民办高等教育政策姿态的特征和分化⑧。2012年，林小英在著作《教育政策变迁中的策略空间》中通过描述我国民办高等教育政策 20 多年来的演变脉络，剖析教育政策变迁中发生的政策目的与政策结果偏离的案例，指出我国的教育政策变迁具有上下回应的特征，其中存在政策系统对政策对象制约和政策对象对政策系统反制约的模式，探索出我国教育政策变迁中的策略空间⑨。2013年，徐绪卿的文章《关于民办高等教育政策顶层设计的思考》指出"优化顶层设计、加快政策转型，

① 周国平. 改革开放以来（1978—2006）中国民办高等教育政策法规回顾与思考[J]. 民办教育研究，2007（5）：48-54.
② 张胜军，张乐天. 1978 年以来我国民办高等教育政策建设的历史、成就与问题[J]. 黑龙江高教研究，2007（12）：35-38.
③ 佟欣. 三十年来我国民办高等教育政策价值取向的变迁[J]. 浙江树人大学学报（人文社会科学版），2009（3）：37.
④ 王萍. 困境与出路：我国民办高等教育政策解读[D]. 兰州：兰州大学，2009：15.
⑤ 丛培娟. 我国民办高等教育政策制定中存在的问题与改进建议[D]. 沈阳：东北大学，2010：Ⅱ.
⑥ 成春燕. 改革开放三十年以来民办高等教育政策的追寻[J]. 知识经济，2011（1）：135-136.
⑦ 王磊. 教育政策的常态性政策偏离：以 1980—1991 年的民办高等教育政策为例[J]. 继续教育研究，2011（6）：11.
⑧ 孙汭睿. 民办高等教育的国家政策姿态：计划、市场与分化[J]. 浙江树人大学学报（人文社会科学版），2012（4）：27.
⑨ 林小英. 教育政策变迁中的策略空间[M]. 北京：北京大学出版社，2012.

已成为民办高校新一轮发展的突破口"[①]。2013年,徐绪卿和王一涛共同发表的文章《论我国民办高等教育政策从"规范"向"扶持"的转型》指出"从'规范'转向'扶持',落实公共财政扶持民办高校的各项举措,给予民办高校更多的办学自主权,促进高水平民办高校的建设,是当前和今后一个时期我国民办高等教育政策转型的主要着力点"[②]。

(三)关于国内外民办(私立)高等教育政策的比较研究

改革开放以来,民办高等教育政策经过了几十年的发展,在理论和实践上均存在不足与问题。而国外的民办(私立)高等教育,尤其是在美国、日本、韩国和西欧等发达国家或地区,几乎可以与本国的公立高等教育平分秋色,甚至略胜一筹。因此,以比较分析的研究方法对国内外民办(私立)高等教育政策进行研究成为学界关注的重要领域。2003年,张有声发表文章《中、日、韩私立高等教育政策比较》,对中国、日本、韩国3国私立高等教育的办学政策、发展政策和管理政策3个方面进行比较分析并启示于我国民办高等教育政策的发展[③]。2003年,李健的文章《中日私立高等教育相关政策的比较研究》选取立法政策、资助政策、管理政策和产权政策4个方面,就中国、日本私立高等教育的相关政策进行比较分析,并在此基础上对我国民办高等教育事业中政策的制定和实施加以思考[④]。2004年,王斌林的文章《美日中私立高等教育相关政策分析比较》选取美国、日本、中国私立高等教育立法政策、资助政策和管理政策3个方面进行系统的分析比较,并在此基础上总结了我国制定和落实民办高等教育政策可资借鉴的几点经验[⑤]。2004年,张剑波的文章《对民国时期私立高等教育政策的历史考察》对民国时期私立高等教育政策进行概括性描述,并在此基础上对当前民办高等教育的发展提出了一些建议[⑥]。2008年,唐卫民和韩国海共同发表文章《美日私立高等教育政策及其启示》,该文通过美国、日本私立高等教育政策的比较分析,得出对我国民办高等教育政策的几点启示[⑦]。同年,唐卫民和姜育兄共同发表文章《中美日私立高等教育政策比较研究》,对中国、美国、日本私立高等教育政策进行比较,并得出促进我国民办高等教育健康发展的启示[⑧]。2010年,李瑞芳在其硕士学位论文《中美民办(私立)高等教育政策之比较研究》中通过比较分析中国、美国两国民办(私立)高等教育的法律法规政策、资助政策和行政管理政策的异同,并对存在的问题进行反思,提出了完善我国民办高等教育政策的建议[⑨]。

① 徐绪卿.关于民办高等教育政策顶层设计的思考[J].教育发展研究,2013(21):60.
② 徐绪卿,王一涛.论我国民办高等教育政策从"规范"向"扶持"的转型[J].高等教育研究,2013(8):42.
③ 张有声.中、日、韩私立高等教育政策比较[J].哈尔滨工业大学学报(社会科学版),2003(1):120-125.
④ 李健.中日私立高等教育相关政策的比较研究[J].现代大学教育,2003(1):80-82.
⑤ 王斌林.美日中私立高等教育相关政策分析比较[J].民办教育研究,2004(2):77-82.
⑥ 张剑波.对民国时期私立高等教育政策的历史考察[J].中南大学学报(社会科学版),2004(4):487-490.
⑦ 唐卫民,韩国海.美日私立高等教育政策及其启示[J].辽宁教育行政学院学报,2008(3):26-28.
⑧ 唐卫民,姜育兄.中美日私立高等教育政策比较研究[J].沈阳师范大学学报(社会科学版),2008(1):56-60.
⑨ 李瑞芳.中美民办(私立)高等教育政策之比较研究[D].南昌:南昌大学,2010:Ⅱ.

（四）关于民办高等教育政策的文本研究

政策研究离不开对政策文本的分析。为促进民办高等教育的发展，我国政府先后颁布、实施了一系列民办高等教育政策法规，但对这些政策法规进行详细解读的研究比较少。《民办教育促进法》（2002 年发布）、《中华人民共和国民办教育促进法实施条例》（以下简称《民办教育促进法实施条例》，2004 年发布）先后付诸实施后，出现了大量直接解读《民办教育促进法》和《民办教育促进法实施条例》的研究成果。

通过中国知网，以"民办教育促进法"作为关键词进行文献检索后发现，2003 年有 84 篇关于《民办教育促进法》的学术论文，2017 年有 34 篇关于《民办教育促进法》的学术论文。2003～2018 年共计有 200 篇关于《民办教育促进法》的学术论文。可以说，2003～2018 年，有关《民办教育促进法》和《民办教育促进法实施条例》的研究成果如雨后春笋般涌现。这些文献作者不乏教育界的知名教授和学者。《民办教育促进法》的重大意义受到了学界的高度关注。例如，2003 年，厦门大学潘懋元教授在《高教探索》上发表的文章《关于〈民办教育促进法〉及其实施》针对《民办教育促进法》进行了深入分析。该文对《民办教育促进法》进行了简要评价，认为其具有相对的合理性与可行性；并进一步讨论了如何运用该法的问题，从而提出制定《民办教育促进法》实施条例的 3 点参考意见，包括明晰学校产权、试行放开收费价格、对公有民办二级学院应有补充规定[①]。同年，范国睿的文章《民办教育发展的保障与促进——解读〈中华人民共和国民办教育促进法〉》指出，"民办教育的性质与地位、民办学校的产权归属以及民办教育的合理回报问题，是影响民办教育健康持续发展的三个核心问题，《民办教育促进法》在对此作了充分界定与肯定的同时，也为地方教育立法留下了很大的法律空间；地方人大在制定地方法规和具体的实施细则时，需要认真研究《民办教育促进法》的精神，充分考虑本地区的实际情况和实际需要，为民办教育的发展创造良好的法律与政策环境，促进民办教育健康持续发展"[②]。胡卫和谢锡美共同发表的文章《〈民办教育促进法〉：现实与历史的双重选择》通过解析《民办教育促进法》的现实需要和历史选择，强调其重要性的同时也提出其面临的挑战[③]。李钟善的文章《意义·突破·发展——学习〈中华人民共和国民办教育促进法〉》论述了《民办教育促进法》出台和实施的重大意义，认为该法在民办教育的宗旨，属性，学校、师生、员工的法律地位等 5 个方面有重大突破[④]。2017 年，阎凤桥在《复旦教育论坛》发表文章《〈民办教育促进法〉修改过程中的合法性问题探讨》，提出"《民办教育促进法》的修改过程，是各种不同参与者在遵循各自逻辑的行动下协同完成的"[⑤]。

还有一些学者通过对政策制定过程进行解读来进一步阐释民办高等教育政策变迁

① 潘懋元. 关于《民办教育促进法》及其实施[J]. 高教探索，2003（3）：1-3.
② 范国睿. 民办教育发展的保障与促进——解读《中华人民共和国民办教育促进法》[J]. 教育发展研究，2003（7）：1-5.
③ 胡卫，谢锡美.《民办教育促进法》：现实与历史的双重选择[J]. 教育发展研究，2003（2）：40-43.
④ 李钟善. 意义·突破·发展：学习《中华人民共和国民办教育促进法》[J]. 浙江树人大学学报（人文社会科学版），2003（2）：1-5.
⑤ 阎凤桥.《民办教育促进法》修改过程中的合法性问题探讨[J]. 复旦教育论坛，2017（5）：17.

的历程。例如，2006 年，朱为鸿的文章《论中国民办高等教育政策的演变与趋势》通过对《民办教育促进法》的政策文本分析揭示民办高等教育发展陷入困境的政策根源[①]。2007 年，李枭鹰的文章《中国民办高等教育政策法规发展历程及意义》指出我国主要的民办教育政策法规有 3 个：《关于社会力量办学的若干暂行规定》（1987 年发布）、《社会力量办学条例》（1997 年发布）和《民办教育促进法》（2002 年发布），从出台目的、法律地位、政府态度、办学主体、合理回报、产权关系、赢利与否等几个方面对三大政策法规进行了全面的介绍[②]。2007 年，陈秋苹在其《成长中的烦恼——中国民办教育政策评说》一书中用政治学、政策学理论系统分析了《民办教育促进法》[③]。2007 年，林小英的文章《教育政策过程中的规则和自由裁量权——以民办高等教育政策为例》具体选取了民办高等教育政策案例进行分析，提出教育政策过程中的规则与自由裁量权之间的关系，解释中国教育政策领域政策目标与政策结果存在大量偏差的原因[④]。2008 年，宁灵辉在《以案说法：民办教育促进法》一书中也系统阐述和分析了《民办教育促进法》[⑤]。2012 年，程化琴编著的《〈民办教育促进法〉制定过程研究》通过对《民办教育促进法》制定过程的研究，分析和研究了法律制定过程内部的运作情况，发现法律制定过程既有理性决策的成分，又有精英决策的印记，还有来自制度的制约。在法律制定过程中，利益集团的活动也初见端倪。最终出台的法律是拥有不同政策偏好的参与者互动和博弈的结果。在工具理性基础上起草的法律草案，受到来自不同制度和惯例的约束，加之决策部门权力的相互制约和意见分歧，导致在权力精英协调的基础上，进行妥协和折中[⑥]。

另外，随着民办高等教育的不断发展，部分学者明确提出应对《民办教育促进法》进行适当的修正和完善。例如，2006 年，白平则在其文章《〈民办教育促进法〉的立法缺失及完善思考》中指出现行《民办教育促进法》在立法上存在诸多缺失，并提出完善该法的建议，即必须在正确认识其教育公益性和营利性之间关系的前提下，对扶持与资助制度、教师及学生权益保障制度、国家监管制度、法律责任制度及民办学校的组织机构等进行完善[⑦]。2006 年，焦小丁在《教育发展研究》上发表的文章《对现行〈民办教育促进法〉的修改建议》指出，《民办教育促进法》主要存在公益性原则规定与国际国内法律规定不衔接特别是不适合民办教育的实际等不足；在对该法存在的不足进行具体分析的基础上，借鉴外国有关立法及制度，结合我国实际，提出修改《民办教育促进法》及《民办教育促进法实施条例》的建议[⑧]。2014 年，王蕾的文章《对〈民办教育促进法〉中若干问题的思考》也指出了《民办教育促进法》的颁布与实施对民办教育事业发展的重要推动作用。然而，伴随政策环境的不断变化，"《民办教育促进法》中的一些内容已

① 朱为鸿. 论中国民办高等教育政策的演变与趋势[J]. 教育发展研究，2006（22）：40-45.
② 李枭鹰. 中国民办高等教育政策法规发展历程及意义[J]. 教育发展研究，2007（24）：63-68.
③ 陈秋苹. 成长中的烦恼——中国民办教育政策评说[M]. 南京：南京大学出版社，2007.
④ 林小英. 教育政策过程中的规则和自由裁量权：以民办高等教育政策为例[J]. 清华大学教育研究，2007（4）：98-106.
⑤ 宁灵辉. 以案说法：民办教育促进法[M]. 北京：中国社会出版社，2008.
⑥ 程化琴.《民办教育促进法》制定过程研究[M]. 北京：北京大学出版社，2012：4.
⑦ 白平则.《民办教育促进法》的立法缺失及完善思考[J]. 教育理论与实践，2006（17）：19-23.
⑧ 焦小丁. 对现行《民办教育促进法》的修改建议[J]. 教育发展研究，2006（4）：26-32.

不适应我国民办教育发展的新情况和新需要，甚至在一定程度上制约、限制了民办教育的发展；当前，应该及时地进行《民办教育促进法》的修订工作，构建一部科学规范的《民办教育促进法》"①。

此外，也有部分学者将《民办教育促进法》与其他政策文本进行比较研究。

二、关于民办高等教育政策历史分期的研究

从现有民办高等教育政策研究的文献来看，涉及民办高等教育政策历史与趋势的专门研究相对较少，大多以历史背景的形式被包含于现状与问题的研究之中。因此，民办高等教育政策研究明显缺乏系统性与完整性。总体来看，改革开放至今，我国民办高等教育政策的历史阶段划分的观点大致存在4种，可以概括为两阶段论、三阶段论、四阶段论和五阶段论。虽然学者们未能明确提出阶段划分的依据，但他们提出的民办高等教育政策发展的阶段划分显然是以线性时间逻辑为依据的。

（一）民办高等教育政策发展的两阶段论

在两阶段论中，代表性的观点主要是李枭鹰提出的教育行为规范主体变化的两阶段论。2007年，李枭鹰在《教育发展研究》上发表的文章《中国民办高等教育政策法规发展历程及意义》指出1981年至今出台的与民办高等教育有关的政策法规达40多个，这些政策法规反映了我国民办高等教育的规范逐步实现了由以政策为主体到以法规为主体的转变，展现了一幅从零散政策法规到专门立法的发展图景；以1997年7月31日全国人大常委会发布的我国第一部全面规范民办教育的行政法规——《社会力量办学条例》为政策发展节点，他将其发展历程划分为两个历史时期，分别是以政策为主体和以法规为主体的民办高等教育的规范②。同时，李枭鹰指出，民办高等教育的发展与民办高等教育政策法规体系的健全是双向互动的，不同的政策法规在民办高等教育发展中的地位和作用是不相同的。1982年《宪法》第一次将社会力量办学作为国家教育事业的组成部分的原则性规定，为以后民办教育事业的发展奠定了基本的法律基础（尽管其他社会力量还是包含私人办学在内的笼统提法)；《关于社会力量办学的若干暂行规定》（1987年发布)使我国民办高等教育步入依法办学的轨道；《民办高等学校设置暂行规定》（1993年发布）明确规定民办高等学校是我国高等教育事业的组成部分；《社会力量办学条例》（1997年发布）标志着民办教育进入依法办学、依法管理和依法行政的阶段；《民办教育促进法》（2002年发布）标志着民办教育进入法治化阶段③。

（二）民办高等教育政策发展的三阶段论

在三阶段论中，代表性的观点主要是国家对民办高等教育发展态度变化的三阶段论。2006年，朱为鸿因在《教育发展研究》上发表文章《论中国民办高等教育政策的演

① 王蕾. 对《民办教育促进法》中若干问题的思考[J]. 现代教育，2014（1）：32-34.
② 李枭鹰. 中国民办高等教育政策法规发展历程及意义[J]. 教育发展研究，2007（24）：63-65.
③ 李枭鹰. 中国民办高等教育政策法规发展历程及意义[J]. 教育发展研究，2007（24）：65-68.

变与趋势》而成为较早提出民办高等教育政策发展的三阶段论的学者。他认为，我国民办高等教育是伴随着我国社会政治经济的发展而发展的，民办高等教育政策也随社会改革进程不断演变；根据国家对民办高等教育所持态度的变化，他将改革开放以来的民办高等教育政策划分为 3 个发展阶段，分别是"第一阶段（1978～1992 年）：允许兴办民办高校，但对私立办学严加限制""第二阶段（1992～2003 年）：鼓励民办高校的发展，民办高等教育的合法地位逐步获得""第三阶段（2003 年以来）：民办高等教育迈入依法办学的新阶段"[①]。此后，张胜军和张乐天、王萍、王磊也分别提出了民办高等教育政策发展的三阶段论。2007 年，张胜军和张乐天发表的文章《1978 年以来我国民办高等教育政策建设的历史、成就与问题》指出民办高等教育政策的合法性、合理性、科学性程度及相应的政策环境的好坏，将对民办高等教育的发展产生明显的推动或阻碍作用。他们将改革开放以来的民办高等教育政策发展划分为 3 个基本阶段，分别是：起步阶段（1978～1991 年），其主要特点表现为实行允许与限制并行的政策；逐步完善阶段（1992～2001 年），其主要特点表现为实行鼓励与规范并重的政策；体系初步建立阶段（2002 年至今），其主要特点表现为实行依法治教政策[②]。2009 年，王萍在其硕士学位论文《困境与出路：我国民办高等教育政策解读》中指出，随着民办高等教育的发展，我国民办高等教育政策一直处于不断的变化、调整、完善之中。政策对民办高等教育的发展，也时而鼓励、时而限制、时而支持、时而规范，使民办高等教育在矛盾中摸索，在曲折中演进，经历了一个漫长而艰辛的蜕变过程；具体来说，大致经历了 3 个阶段：第一阶段（1978～1992 年），允许兴办民办高校，对民间办学规范做出限制；第二阶段（1992～2003 年），鼓励民办高校发展，民办高等教育地位逐步合法化；第三阶段（2003 年以来），规范管理，民办高等教育进入依法办学阶段[③]。2011 年，王磊的文章《教育政策的常态性政策偏离——以 1980—1991 年的民办高等教育政策为例》将改革开放以来的民办高等教育政策变迁划分为 3 个阶段，即 1978～1984 年的政策失声阶段、1984～1991 年的政策介入阶段、1992～2011 年的政策引导阶段[④]。

（三）民办高等教育政策发展的四阶段论

在四阶段论中，代表性的观点主要有周国平提出的教育政策功能变化的四阶段论、张晓红提出的政策内容及发展轨迹变化的四阶段论。2007 年，周国平的文章《改革开放以来（1978—2006）中国民办高等教育政策法规回顾与思考》中将改革开放以来的民办高等教育政策发展历程划分为 4 个阶段，依次是观望阶段（自 1978 年 12 月党的十一届三中全会召开至 1982 年《宪法》颁布前）、认可阶段（自 1982 年《宪法》颁布至 1993 年《中国教育改革和发展纲要》颁布前）、扶持为主和辅以规范阶段（自 1993 年《中国

---

① 朱为鸿. 论中国民办高等教育政策的演变与趋势[J]. 教育发展研究，2006（22）：40-45.

② 张胜军，张乐天. 1978 年以来我国民办高等教育政策建设的历史、成就与问题[J]. 黑龙江高教研究，2007（12）：35-38.

③ 王萍. 困境与出路：我国民办高等教育政策解读[D]. 兰州：兰州大学，2009：16.

④ 王磊. 教育政策的常态性政策偏离——以 1980—1991 年的民办高等教育政策为例[J]. 继续教育研究，2011（6）：11-13.

教育改革和发展纲要》颁布至 1997 年《社会力量办学条例》出台前）、依法规范和辅以扶持阶段（自 1997 年《社会力量办学条例》出台至今）[①]。2013 年，张晓红的文章《浅析我国民办高等教育政策的起步及发展》指出依据政策的内容特点及发展轨迹，可以将我国民办高等教育政策的发展过程划分为 4 个阶段：真空阶段（1978～1981 年）、起步阶段（1981～1992 年）、快速发展阶段（1992～2002 年）、法治化阶段（2002 年至今）[②]。

（四）民办高等教育政策发展的五阶段论

在五阶段论中，代表性的观点主要是佟欣提出的政策文本发展轨迹与特点变化的五阶段论。2009 年，佟欣在其硕士学位论文《改革开放以来我国民办高等教育政策演变分析》中根据改革开放以来我国民办高等教育政策演变过程中具有标志性意义并且对民办高等教育发展具有重大影响的几部政策法规，按照政策文本发展的轨迹、特点与走向，把改革开放以来我国民办高等教育政策发展划分为 5 个阶段：观望阶段（1978～1982 年）、认可阶段（1982～1993 年）、扶持阶段（1993～1997 年）、规范阶段（1997～2002 年）、法治阶段（2002 年至今）。同时指出，如果我们回顾一下我国民办高等教育政策的发展轨迹，并对其发展进行阶段性的划分，剖析其产生的背景和各阶段的文本内容之间的联系，就可以理清我国民办高等教育发展理念的变迁和民办高等教育政策不断发展完善的历史沿革。更为重要的是，我们将能够发现民办高等教育发展中的一些政策性问题，为其进一步的完善提供借鉴[③]。

第五节　对民办高等教育政策研究现状的评价

从目前的民办高等教育政策相关文献来看，本书涉及的关于民办高等教育政策的研究和民办高等教育政策变迁的研究主要呈现出以下特征。

第一，在研究内容上，已有文献大多不是对民办高等教育政策变迁的专门研究，而是将政策变迁历程作为对民办高等教育政策发展阶段中存在的各种矛盾与问题反思的研究背景。该领域的研究缺乏整体性与系统性。此外，在对这段历史进行梳理和分析的过程中缺乏理论研究的深度与广度，较多地停留在政策文本介绍上，对其产生的作用与影响较少论述。

第二，关于民办高等教育政策变迁历史分期的研究，存在多种观点，包括两阶段论、三阶段论、四阶段论、五阶段论，导致不同历史阶段划分的主要原因是划分依据不同，但无论是哪种历史阶段划分，政策主体的变化、政策内容与特点的变化、政策功能的变化等动态因素始终是阶段划分的重要依据。

第三，就研究群体而言，以民办高等教育为主要研究方向的仅占很小比例。虽然民

① 周国平. 改革开放以来（1978—2006）中国民办高等教育政策法规回顾与思考[J]. 民办教育研究, 2007（5）: 48-54.
② 张晓红. 浅析我国民办高等教育政策的起步及发展[J]. 经济研究导刊, 2013（11）: 198-199.
③ 佟欣. 改革开放以来我国民办高等教育政策演变分析[D]. 上海: 上海交通大学, 2009: 18.

办高等教育在国家教育体系中的地位已经明显提升，且社会和学界对其认识和理解也发生较大改观，但是从现有对民办高等教育进行研究的群体来看，专门或系统关注民办高等教育并进行研究的比例偏低。研究群体多为民办高等教育的主办者，如民办高校校长等，从自身利益出发所发出的"呐喊"带有较强的主观倾向性，同时也使研究缺乏理论支撑。另外，学者对民办高等教育政策所做的研究多集中于政策的比较研究（包括中外民办高等教育的政策比较研究和我国不同历史时期民办高等教育政策的比较研究）、政策的环境分析、政策制定过程分析和某一项具体的民办高等教育政策的思考上，较少有学者从政策变迁的视角对民办高等教育政策进行系统的梳理与分析。

第四，在研究方法上，以定性研究为主，缺乏定量研究的运用。对以上陈述的文献做数据统计可以发现，目前以民办高等教育政策为主题的相似或相关研究有 21 项，没有任何一项在定性研究的同时加入定量研究。当然，就政策变迁研究而言，其研究方法倾向于采用定性方法。从总体来看，已有研究描述性多于解释性，定性方法多于定量方法。

第五，已有研究对于民办高等教育政策的改革思路与未来走向均没有进行具体而深入的分析，即使涉及民办高等教育政策的特征等与变迁走向相关的领域，分析与论述也不够深入透彻，学理性与逻辑性严重缺乏，而且缺乏政策本质性研究。

综上所述，对民办高等教育政策变迁进行研究不但具有一定的文献基础，而且具有深入系统研究的空间。

第二章　破冰引航：民办高等教育政策的滥觞与起步（1982～1993 年）

　　"政策包含从教育内容、方法、组织到教育环境全部的公共教育活动，政策的历史与教育的历史同样悠久"[1]。我国私立教育的历史悠久，但民办教育，尤其是民办高等教育真正得到发展是在 1978 年改革开放以后。"问渠那得清如许，为有源头活水来"，党的十一届三中全会的召开，为我国民办高等教育带来了新的发展机遇。民办高等教育政策正是政府为解决经济体制改革背景下的人才需求这一重大问题而实施的规范控制手段，也是政府为实现自身利益和公众利益进行的具体管理行为。1982 年 12 月 4 日公布施行的《宪法》作为国家的根本大法，鼓励"其他社会力量举办各种教育事业"，这成为民办高等教育获得合法性的重要标志，民办高等教育政策正滥觞于此。

第一节　滥觞与起步阶段的政策环境

　　任何一种主体的活动都不能脱离环境对它的影响与作用，教育政策作为一种主体性的活动与过程，是在一定环境中产生的，它的执行与发展又会受到其所依赖的环境的影响，这种能够对教育政策过程产生影响的环境称为教育政策环境。教育政策环境是由社会经济状况、政治文化与国际环境等构成的[2]。同样，民办高等教育政策作为一种主体性的活动，也是在政治、经济、文化等不断变化的政策环境中产生与发展的。

一、经济体制改革的启动

　　20 世纪 50 年代，我国形成了单一的公有制经济，不仅私有经济失去了存在与发展的条件，其他私立机构存在的条件也不复存在。直到 1978 年之后，我国确立了实行改革开放和以经济建设为中心的基本国策。党的十一届三中全会放弃"以阶级斗争为纲"的错误方针，把党和国家的工作重点转移到经济建设上来，这是思想领域的一次大解放。农村经济体制改革取得初步成效之后，开始了城市的经济体制改革。1984 年 10 月公布的《中共中央关于经济体制改革的决定》在彻底打破了计划经济与商品经济之间对立的基础上，进一步明确实行以公有制为基础的有计划的商品经济，还提出要在坚持公有制经济为主体的前提下，多种经济成分共同发展，从而改变了与现实生产力不完全适应的单一公有制经济体制。党的十二大的召开标志着我国经济体制改革的全面展开，个体经

---

① 矢野真和. 高等教育的经济分析与政策[M]. 张晓鹏，等译. 北京：北京大学出版社，2006：14.
② 褚宏启. 教育政策学[M]. 北京：北京师范大学出版社，2011：11.

济被视为公有制经济必要的、有益的补充，个体经济的作用被肯定，促进了社会主义商品经济体制的形成。1987 年 10 月，党的十三大明确提出社会主义阶段要大力发展有计划的商品经济体制，更加肯定了商品经济的地位，表现了我国进一步改革开放的决心。经济体制改革给经济社会带来翻天覆地的变化的同时，启动了产业结构的调整演变。这种经济结构与产业结构的不断变化直接影响着劳动力结构的变化，实用性人才的需求逐渐增加，尤其是经济、会计、法律等专业人才大量缺乏，远不能满足经济建设的需求。经济体制改革，一方面促进了经济增长、人民物质生活水平的大幅度提高，经济发展与收入水平的提高使人们对高等教育的需求越来越迫切；另一方面，经济体制改革推动了教育体制的变革①。1992 年，党的十四大的召开加速了经济体制改革的进程，私营经济、个体经济和外资经济的不断发展促进了经济多元化，这就从根本上改变了产业经营主体的构成，延伸了经营服务范围，作为第三产业的教育也逐渐形成了政府与社会共同经营的多元化办学格局，政府不再是高等教育机构唯一的举办者。民办高校正是在这样的经济体制改革背景下逐渐复兴与发展的。

二、邓小平对教育的战略思考

1977 年 7 月，党的十届三中全会做出了一项重要决议，即恢复邓小平的党内外职务。当时，邓小平自告奋勇主管教育科技工作，直接推动了教育领域的拨乱反正。当时最重要的拨乱反正，一是 1977 年 11 月《人民日报》发表文章正式否定了“四人帮”炮制的否定知识分子和十七年教育路线的“两个估计”②；二是恢复已经中断了十年的高等学校统一考试招生制度，在全社会重新形成了尊重知识、重视教育的风气。1978 年 12 月，党的十一届三中全会开辟了改革开放和社会主义现代化建设的新局面，确立邓小平为党的第二代领导集体核心。面对世界经济和科技竞争的形势，面对我国经济基础薄弱、资源匮乏、人口众多且发展严重不平衡的基本国情，邓小平创立了中国特色社会主义理论。他明确指出，我国还处于社会主义初级阶段，社会主义的根本任务就是发展生产力，而科学技术是第一生产力，强调“我们要实现现代化，关键是科学技术要能上去。发展科学技术，不抓教育不行”③。作为改革开放和现代化建设的总设计师，邓小平从社会主义现代化建设的战略全局和中华民族命运的高度，重视教育在经济、社会和科技发展中的基础作用，把教育发展与改革纳入改革开放与现代化建设的总体设计之中。20 世纪 70 年代末至 80 年代中期，邓小平在科技、教育及其他方面的各种会议和座谈会上，号召全党全社会尊重知识、尊重人才，倡导尊师重教，确立教育优先发展的战略地位。他还从教育事业必须与国民经济发展要求相适应的角度，强调教育要与生产劳动相结合，为马克思主义教育思想的发展做出了重大贡献。

1980 年 4 月 15 日，邓小平会见世界银行行长麦克纳马拉。邓小平在会见时说：看

---

① 顾美玲. 中国民办高等教育的历史回顾与前景探析[J]. 教育研究，1997（8）：45-49.

② “文化大革命”一开始，学校就首当其冲，大批教师挨批斗，打砸抢成风。1971 年，由姚文元、张春桥炮制的《全国教育工作会议纪要》出笼，该纪要错误地提出，“文化大革命”前 17 年，教育战线基本上是资产阶级专了无产阶级的政，是“黑线专政”；知识分子中，大多数人的世界观基本上是资产阶级的，是资产阶级知识分子。这就是所谓的“两个估计”。

③ 邓小平. 邓小平文选：第二卷[M]. 北京：人民出版社，1994.

来国际上还要经历一些风浪，就我个人来说，看远一点，采取有效措施，80 年代的危险可以渡过，不是不能渡过的。[①] 1981 年，我国利用世界银行贷款的第一个项目就是教育项目，而邓小平则是这一合作的奠基人。1983 年国庆节，邓小平为北京景山学校成立 20 周年题词："教育要面向现代化，面向世界，面向未来。""三个面向"是邓小平教育理论体系中最具时代特征和前瞻性的组成部分，集中体现了中国特色社会主义理论对教育的客观要求，科学地提出了对未来综合国力竞争的预测，高度概括了国内外教育改革和发展的基本规律与经验，为我国制定面向 21 世纪的教育宏观决策提供了科学依据，不仅成为我国教育事业改革与发展的指导方针，而且在党的十五大报告中被拓展为跨世纪中国特色社会主义文化建设的特征之一。20 世纪 80 年代，伴随教育事业的迅速发展和教育体制不断显露的弊端，邓小平在启动经济体制和科技体制改革的同时，掀开了教育体制改革的序幕。《中共中央关于经济体制改革的决定》指出："随着经济体制的改革，科技体制和教育体制的改革越来越成为迫切需要解决的战略性任务。"1985 年 5 月，全国教育工作会议在北京召开，邓小平出席了闭幕式。邓小平系统地论述了教育的重要战略地位和教育体制改革的重要性，要求各级领导要像抓经济工作那样抓教育，把中央的教育体制改革决定落到实处。他深刻地阐述道："我们国家，国力的强弱，经济发展后劲的大小，越来越取决于劳动者的素质，取决于知识分子的数量和质量。一个十亿人口的大国，教育搞上去了，人才资源的巨大优势是任何国家比不了的。有了人才优势，再加上先进的社会主义制度，我们的目标就有把握达到。"[②] 1987 年党的十三大进一步强调应当把发展科学技术和教育事业发展放在首要位置，使经济建设转到依靠科技进步和提高劳动者素质的轨道上来。我国社会主义现代化建设的事实证明，邓小平以其具有前瞻性的教育战略思想，推动了教育与科技的不断进步，从而带动了我国综合国力的全面提升。

三、大众的高等教育需求被唤醒

中华人民共和国成立后，经过对私立高等学校的接收与改造，特别是经过 1952 年高等院校的合并与调整，私立高等学校不复存在。换言之，今天所谓的"民办高等教育"暂时告别我国教育发展的历史舞台，一直持续到改革开放，历时近 30 年。在"文化大革命"时期，我国高等教育遭受了严重冲击与破坏，高等教育规模与水平出现了停滞甚至倒退。1977 年恢复高考制度后，普通高校仅招生 27.3 万人；1978 年高中在校生达 1553.1 万人[③]，而"1978 年招生 40.2 万人，高考录取率不到 6.6%"[④]，大部分高考落榜生希望通过"复读""补习"等形式参加下一年的高考，或希望有机会接受高级职业技能培训。

---

① 人民网.中国共产党大事记(1980 年)[EB/OL].(2011-05-09)[2020-03-10]. http://www.ce.cn/xwzx/gnsz/szyw/201105/09/t20110509_22408794.shtml.

② 邓小平. 邓小平在全国教育工作会议上讲话[EB/OL].（2017-02-08）[2018-10-22]. http://cpc.people.com.cn/n1/2017/0208/c69113-29066876.html.

③ mmmllli.1978—2011 中国各级各类学校在校学生数[EB/OL].（2013-04-12）[2018-10-22]. https://wenku.baidu.com/view/0c84e1a1d1f34693daef3e70.html.

④ 何俊良. 历年高考人数和录取人数统计[EB/OL].（2018-01-24）[2018-10-22]. https://wenku.baidu.com/view/d7f6156bb42acfc789eb172ded630b1c59ee9bcc.html.

1978 年教育战线开始拨乱反正，全面进入恢复和发展的新时期。高等教育面临如何扩大教育规模，不断满足青年人日益增长的希望进入高等学校学习的愿望。同时，经济社会的不断发展提高了对劳动者素质的要求，人才匮乏已经成为迫切需要解决的问题。

改革开放之初，国家经济实力还非常薄弱，公办教育根本无法解决人才匮乏这一突出的社会问题，这就为恢复并发展民办高等教育提供了可能性与必要性。此外，"尊重知识与尊重人才"逐渐成为社会风气，发展高等教育的重要性得到了普遍的社会认同。由于 1952 年院系调整带来的专业分化问题日益严重，且 1983 年高等学校设置的 8518 个专业中，实用性专业只占 28%，以"助学""助考"为主要途径的民办高校应运而生，提供短缺实用性专业培训或高考文化补习辅导。庞大的高等教育需求市场催生了民办高等教育。进入 20 世纪 90 年代，受七八十年代人口出生高峰的影响，我国人口持续增长，受教育人口的数量急剧增加，导致了严峻的高等教育供求矛盾。据统计，1992 年我国高等教育毛入学率仅为 3.47%[①]，而秘鲁高等教育毛入学率已达 36%，菲律宾高等教育毛入学率达 28%[②]。在人均收入为 300～1000 美元时，高等教育大体有一个加速发展的过程"[③]。而 1980 年，我国人均收入已达 350 美元，但高等教育仍处于低速增长的状态，仅有少数人能够享受高等教育资源，高等教育供给严重不足的局面为民办高等教育提供了巨大的发展空间。正如美国学者马丁·卡诺依（Martin Carnoy）所言，当公立学校系统的容量少于全部应入学人数时，也就是并非每个人都能进入免费的或低价的公立学校时，对教育的过度需求就产生了。如果教育的私人收益很高（例如，因为劳动力市场上的回报所导致的高收益），许多被排除在公立学校之外的人把进入私立学校学习作为一种'次优'的选择[④]。

四、民办高校的重新兴起

我国民办高等教育的恢复与发展，具有我国社会发展的时代特征。中华人民共和国成立以后，我国政府大力发展公办高校，所有私立高等教育机构在 1952 年被改为公立或并入公办高校，至改革开放后得以逐渐恢复。在这近 30 年时间里公立高校全部由国家举办，这在一定程度上加重了国家的财政负担。而政府举办的高等学校数量与招生人数远远不能满足人们渴望上大学的愿望，这就让创办民办高校成为可能。1977 年，率先成立的是北京自修大学。此后多所民办大学先后成立，例如湖南九嶷山学院（2005 年更名为湖南九嶷职业技术学院）、重庆蜀东财经学校、中华社会大学（2002 年更名为北京经贸职业学院）、中国逻辑与语言函授大学等。此举拉开了我国民办高等教育发展的序幕（虽然就其实质而言，这些学校当时尚未真正具备高等学校的资格）。1982 年 3 月，在北京成立的中华社会大学被普遍认为是全国第一所民办大学，成为改革开放后我国民办高等教育新开端的标志。"在 1984 年至 1986 年的 3 年间，全国新建的民办高校多达

---

① 郑春生. 改革开放 30 年高等教育规模扩张及其政策分析[EB/OL]. [2020-03-09]. https://max.book118.com/html/2018/0904/6143221221001214.shtm.

② 周贝隆. 试以效益眼光看教育[M]. 成都：四川教育出版社，1996：85-89.

③ 邬大光. 办学体制：深化高教体制改革的关键[J]. 高等教育研究，1998（2）：31.

④ 马丁·卡诺依. 教育经济学国际百科全书[M]. 2 版. 闵维方，等译. 北京：高等教育出版社，2002：580.

250 所，形成了我国民办高等教育的第一个发展高潮，到 1991 年总量已达到 450 所"①。中国成人教育协会民办高等教育委员会（以下简称民办高教委）1998 年对全国 103 所民办高校抽样调查表明，其中有 40 所高校是 1984～1988 年成立的，占调查总数的 39%。但民办高等教育在发展中也暴露出一些问题，如未经教育部门批准备案就刊登招生广告、未经地方教育行政部门批准就办学、未经教育部门许可就擅自许诺文凭等乱象，给民办高校的声誉造成不良影响，严重影响了高等教育办学秩序。

第二节　滥觞与起步阶段的主要政策

一、主要政策文本

滥觞与起步阶段的民办高等教育主要政策文本共有 10 项，其中法律 1 项、决定 1 项、规定 4 项、通知 3 项、复函 1 项。按照政策颁布和实施的时间顺序，分别是《宪法》（1982 年发布）、《中共中央关于教育体制改革的决定》（1985 年发布）、《关于不得乱登办学招生广告的通知》（1986 年发布）、《关于社会力量办学的若干暂行规定》（1987 年发布）、《社会力量办学财务管理暂行规定》（1987 年发布）、《关于社会力量办学几个问题的通知》（1988 年发布）、《社会力量办学教学管理暂行规定》（1988 年发布）、《关于跨省、自治区、直辖市办学招生广告审批权限的通知》（1990 年发布）、《社会力量办学印章管理暂行规定》（1991 年发布）。

二、主要政策内容

改革开放给高等教育带来了春的气息，也给我国高等教育事业带来了新的希望。经历了近 30 年的沉寂，民办高等教育终于破冰前行。通过对这一阶段民办高等教育政策的梳理与分析，可以为民办高等教育政策的滥觞与起步提供一种相关性阐释。20 世纪 80 年代初，我国政府就颁布和实施了一批法律政策，对恢复民办高等教育起到了积极推动作用。据统计，在此期间由中共中央、国务院和教育部颁布并实施的有关民办高等教育领域的宏观层面政策共计 10 项。我国主要从四个层面的法规政策对民办高等教育进行规范。第一层面：我国的基本法——《宪法》。该法第十九条规定："国家鼓励集体经济组织、国家企业事业组织和其他社会力量依照法律规定举办各种教育事业。"第二层面：《中共中央关于教育体制改革的决定》。该决定提出地方要鼓励和指导国营企业、社会团体和个人办学，同时提出要实行中央、省（自治区、直辖市）、中心城市三级办学的体制。第三层面：《关于社会力量办学的若干暂行规定》。第四层面：在《中共中央关于教育体制改革的决定》和《关于社会力量办学的若干暂行规定》基础上制定的各项具体的民办高等教育政策文件，主要包括《社会力量办学财务管理暂行规定》《社会力量办学教学管理暂行规定》《社会力量办学印章管理暂行规定》。由此可见，《中共中央关

① 周国平. 改革开放以来（1978—2006）中国民办高等教育政策法规回顾与思考[J]. 民办教育研究，2007（5）：49.

于教育体制改革的决定》和《关于社会力量办学的若干暂行规定》对改革开放后我国民办高等教育体系的形成和发展起着关键作用，是我国民办高等教育政策的基石。与此同时，《中共中央关于教育体制改革的决定》和《关于社会力量办学的若干暂行规定》也深刻地烙下了时代的印记，故在本阶段的政策文本研究中主要选取此两项政策，试图探讨改革开放初期我国民办高等教育政策的发展历程。

（一）明确社会力量办学的合法地位

1982 年颁布的《宪法》第十九条规定首次明确了民办教育的合法地位，释放出允许民办教育发展的政策信号。面对对外开放、对内搞活，经济体制改革全面展开，以及世界范围的新技术革命正在兴起的形势，我国教育事业的落后和教育体制的弊端更加突出，主要表现为教育事业管理权限的划分混乱、教育整体结构失调、教育内容和方法严重落后。中共中央认为，要从根本上改变这种状况，必须从教育体制入手，系统地进行改革。1985 年 5 月 27 日发布的《中共中央关于教育体制改革的决定》是时代的必然选择。该决定的第三部分提出"调整中等教育结构，大力发展职业技术教育"，进一步指出，"发展职业技术教育，要充分调动企事业单位和业务部门的积极性，并且鼓励集体、个人和其他社会力量办学。要提倡各单位和部门自办、联办或与教育部门合办各种职业技术学校"，并在第五部分进一步指出："要动员和教育全党、全社会和全国人民关心和支持教育体制改革，发展教育事业。"在《宪法》规定"国家鼓励集体经济组织、国家企业事业组织和其他社会力量依照法律规定举办各种教育事业" 3 年之后，中共中央在倡导采取多种形式和方法发展教育事业的宏观环境中，首次明确提出在职业技术教育领域鼓励集体、个人和其他社会力量办学。《中共中央关于教育体制改革的决定》第三部分还指出："根据大力发展职业技术教育的要求，我国广大青少年一般应从中学阶段开始分流：初中毕业生一部分升入普通高中，一部分接受高中阶段的职业技术教育；高中毕业生一部分升入普通大学，一部分接受高等职业技术教育。"显然，职业技术教育的招生对象是中学阶段分流的初中和高中生。虽然此阶段社会力量办学并未如《宪法》所规定的那样兴办"各种教育事业"，而是限于"职业技术教育"，但仍标志着民办高等教育的起步。允许社会力量在教育领域合法办学促进了民办高等教育事业的发展。《中共中央关于教育体制改革的决定》第四部分指出，地方要鼓励和指导国营企业、社会团体和个人办学，鼓励各民主党派、人民团体、社会组织、离退休干部和知识分子、集体经济单位和个人，遵照党和政府的方针政策，采取多种形式和办法，积极自愿地为发展教育事业贡献力量，并提出实行中央、省（自治区、直辖市）、中心城市三级办学体制。显然，这些政策规定在巩固社会力量办学合法地位的同时，进一步对社会力量办学给予一定的办学自主权，对促进这一阶段民办高等教育的发展发挥了重要作用。

（二）将社会力量办学定位为国家办学的补充

为鼓励和支持社会力量办学，加强宏观管理，促进其健康发展，1987 年 7 月 8 日，国家教育委员会（现教育部）发布了《关于社会力量办学的若干暂行规定》。该规定第二条首次对社会力量的内涵做出如下解释："本规定所称社会力量，是指具有法人资格的国家企业事业组织、民主党派、人民团体、集体经济组织、社会团体、学术团体，以及经国家批准的私人办学者。"该规定第三条指出，"社会力量办学是我国教育事业的组成部分，是国家办学的补充"。该规定还对社会力量办学的主要办学形式、层次、类别、招生、广告、经费、财务、审批、聘任教师等方面做出了规定，明确了各级教育行政部门对社会力量办学的管理职权。这是国务院教育行政部门对民办教育制定的第一个基本规定，标志着民办教育正式纳入国家教育体系。该规定第五条将社会力量办学的范围界定为"应结合本地区经济建设和社会发展的实际需要，主要开展各种类型的短期职业技术教育，岗位培训，中、小学师资培训，基础教育，社会文化和生活教育，举办自学考试的辅导学校（班）和继续教育的进修班"。虽然《宪法》规定社会力量可以举办各种教育事业，但是《中共中央关于教育体制改革的决定》和《关于社会力量办学的若干暂行规定》先后将社会力量办学范围限制在职业技术教育领域。由此可见，国家政策对于发展民办教育的态度是积极的，但是在具体行动上却显迟疑，不仅体现在"规定"二字之前的"暂行"上，而且用"社会力量办学"这一表达与"国家办学"相区别，强调非国家身份的办学主体。随后，《社会力量办学财务管理暂行规定》《关于社会力量办学几个问题的通知》《社会力量办学教学管理暂行规定》《社会力量办学印章管理暂行规定》先后公布施行，目的是保护社会力量办学的合法权益，加强对社会力量办学的具体管理。这些暂行规定将社会力量办学这一办学形式逐渐纳入国家教育事业管理范畴，将社会力量办学管理作为各级教育行政部门的一项职责。

（三）关注社会力量办学的具体事项管理

规定的主要特点是使用范围广泛，对制定和发布机关的地位无严格限制，所涉及的问题不如决定重大，范围相对较窄，内容详尽具体，针对性强。在民办高等教育政策发展初期，先后有 4 项重要规定公布施行，即《关于社会力量办学的若干暂行规定》（1987年发布）、《社会力量办学财务管理暂行规定》（1987 年发布）、《社会力量办学教学管理暂行规定》（1988 年发布）和《社会力量办学印章管理暂行规定》（1991 年发布）。其中，《关于社会力量办学的若干暂行规定》的内容较为全面。上述暂行规定对社会力量办学的地位、性质、作用，以及办学的审核、审批、招生、经费、收入等具体事项做出了详细的规定。从政策文本的名称可见，财务管理、教学管理和印章管理是民办高等教育发展初期政策关注的主要方面。从政策出台的时间顺序来看，财务管理成为社会力量办学具体事项管理关注的首要方面，其次才是教学管理和印章管理。《关于社会力量办学的若干暂行规定》的第十五条、第十六条均对社会力量办学的财务方面做出了规定："社会力量办学的经费自行筹集。学校可向学员收取合理金额的学杂费，但不得以办学为名非法牟利。收费标准和办法由省、自治区、直辖市教育行政部门会同有关部门共同制定。""社会力量举办学校的全部收入以及固定资产，归学校所有。学校须建立健全财务管理制度，坚持财务公开、勤俭办学的原则，严格遵守国家财经纪律，接受财政、银行、审计、教育等有关部门的监督和检查。"而 1987 年出台的《社会力量办学财务管理暂行规定》在提出"统一领导、分级负责、独立核算、量入为出、略有结余的原则"的同时，对社会力量办学的"经费来源、经费支出、日常财务管理、停办"四大方面做出了较为具体详细的规定，并提出"各省、自治区、直辖市教育、财政部门可根据本规定，结合本地区的实际，会同有关部门制定具体实施办法，报省级人民政府批准后执行"。在当时社会力量办学经验尚不丰富的情况下，国家首先制定并出台了财务管理方面的规定，充分说明国家高度重视社会力量办学的财务管理的同时也有担忧。1988 年制定的《社会力量办学教学管理暂行规定》则是对社会力量办学教学管理中的专业设置、培养目标、教学计划、教学大纲、教材、师资队伍、教学场所、学籍管理等做出了具体的规定。该规定第三条明确指出"本规定所称教学管理是指教育行政部门对社会力量举办的学校在培养目标、专业或课程设置、教学计划、教学大纲、教材建设、教师聘任、教学场所、学籍管理以及其他有关教学方面的指导和监督"。该规定第二十一条指出"各省、自治区、直辖市教育行政部门应根据本规定，结合本地区社会力量办学的实际，制定具体的教学管理办法"，其中的"应"充分表明了国家对社会力量办学教学管理的重视程度。学校印章是学校身份和权利的证明，盖有学校印章的文件是受法律保护的有效文件，同时意味着学校应对文件的内容承担法律责任。学校印章是学校在教育教学活动中行使职权的重要凭证和工具，印章管理关系到学校办学活动的开展，甚至影响到学校的生存与发展。《社会力量办学印章管理暂行规定》正是"为了保护社会力量办学的合法权益，加强对社会力量办学印章的管理，根据《国务院关于国家行政机关和企业、事业单位印章的规定》"[1] 制定的详细具体的规定，并提出"各地可根据本规定制定具体实施细则"[2]。此项规定强化了当时民办高校在管理印章过程中的责权意识，既保护了其办学权益，也规范了其办学行为。

第三节 滥觞与起步阶段的主要政策特征

改革开放给我国社会各个领域带来翻天覆地的变化的同时，我国正经受着以信息革命为标志的"第三次浪潮"的冲击。人们逐渐认识到只有发展科技与教育，才能直面世界新技术革命的挑战；只有全面提高民族素质和大力培养各领域人才，才能实现中华民族的伟大复兴。鉴于"落后就要挨打"的历史教训，全社会树立了"百年大计、教育为本"的观念，深切感受到发展教育的紧迫感和使命感。发展教育是坚持社会主义初级阶段基本路线，把我国建设成为富强、民主、文明、和谐、美丽的社会主义现代化强国的必要举措。在这样的背景下，我国民办高等教育由此发轫并走上了艰难前行的道路，而为了实现发展国民经济的目的，经济理性价值成为早期民办高等教育政策的价值选择。伴随民办高校的出现，民办高等教育政策也逐步产生与发展。这一阶段的教育政策的特征表现为主要满足政策决策主体的利益需求、以实施规范性教育政策为主、政策形成受政策环境制约严重。

---

① 《社会力量办学印章管理暂行规定》（1991 年发布）第一条。
② 《社会力量办学印章管理暂行规定》（1991 年发布）第二十条。

一、主要满足政策决策主体的利益需求

任何政策都是利益的集中体现与表达。"公共选择理论认为，无论何政策主体，他们在政策的提出、制定、实施等过程中都会以'经济人'的身份参与其中，其动机和行为都是为追求自身利益最大化。"[①] "利益的关注既是公共政策得以产生的起点，又是公共政策目标的归宿点。"[②] 公共政策就是对各种利益关系的调整。作为一项公共政策，"教育政策作为对社会有限教育资源的分配，也充斥着不同利益主体的利益需求，如教育的发展是求效率还是求公平，是求数量还是求质量，培养人才是谋求社会本位还是个人本位，学习管理是中央集权还是地方分权等，都左右着整个教育政策过程。"[③] 教育政策主体在教育政策系统中发挥着重要的主体能动作用，体现在教育政策从制定到评估各个环节的动态过程中。教育政策主体涉及"谁的政策""政策对象""谁来制定政策""谁来执行政策""谁来监督政策""谁来评估政策"等。"教育政策主体从功能上可分为三类：决策主体、辅助主体和参与主体。"[④] 这样的分类有助于我们更好地理解各主体的功能与权力范围，以便明确各主体的责权关系。在教育政策制定与实施过程中，决策主体的地位与权力是主导性，但并不是唯一的。在我国，教育政策决策主体是党委、人民代表大会及政府。它们具有法定的决策权，是国家的权力机构和社会公共利益的代表，首先关注的是整体利益与长远利益。"管理社会公共事务，提供公共产品是政府的基本职能之一，它体现了公利性这一现代民主政府的本质属性。离开了这种公利性，政府从根本上失去了存在的必要性和合法性。"[⑤] 实现政府基本职能较为有效的手段就是政策。任何一项政策的提出都指向一定的社会问题。政策制定的源头在于问题的产生，而政策制定的归宿则是问题的解决。公共政策的调整对象必须是作为决策主体的政府认为有必要对此采取行动加以解决的公共问题。换言之，在政策制定与实施过程中，政府最为关注的可能是涉及社会公共利益的问题。

此阶段作为政策决策主体的党委、人民代表大会及政府积极发挥主体能动性，作用于民办高等教育政策动态过程并产生重要影响。我国现行的政治体制是中国共产党领导的议行合一体制。一方面，作为最高权力机关，全国人民代表大会行使着国家立法权；另一方面，作为我国政府系统的领导核心，中国共产党决定政府的运行，主导着公共政策的制定。我国教育政策的制定与执行过程，实际上是以中国共产党组织为首的所有履行当代中国社会公共权力的组织机构的决策与执行的过程[⑥]。此阶段发布实施的民办高等教育三大重要政策（《宪法》《中共中央关于教育体制改革的决定》《关于社会力量办学的若干暂行规定》）分别是全国人民代表大会，中国共产党中央委员会、国务院和国家教育委员会公布实施的，其他的相关规定、条例及通知也是由国家行政机关针对民办

---

① 姚永强. 教育政策主体的利益冲突与整合[J]. 教育学术月刊，2012（2）：11.

② 王卫军. 浅析利益因素对公共政策主体的影响[J]. 行政论坛，2005（1）：40.

③ 李北群. 论教育政策的利益分析：必要性、框架及应用[J]. 江苏社会科学，2008（6）：213.

④ 高峰，杨晓明. 从我国教育政策主体看政策模型的选择[J]. 教育探索，2004（4）：48-50.

⑤ 金太军，张劲松. 政府的自利性及其控制[J]. 江海学刊，2002（2）：106.

⑥ 胡伟. 政府过程[M]. 杭州：浙江人民出版社，1998：17.

高等教育领域的具体事务而制定的。作为决策主体的党委、人民代表大会及政府深刻认识到在经济体制改革的背景下，经济结构与产业结构的不断变化直接影响劳动力结构的变化，培养更多的实用性人才以满足经济建设的需要成为全社会关注的公共利益需求。因此，此阶段经济体制改革背景下的人才需求问题成为社会的公共问题，也成为民办高等教育政策制定的源头，而实现培养更多人才的公共利益需求成为此阶段民办高等教育政策的归宿之一。此阶段的民办高等教育政策的决策主体发挥着绝对的主导作用，以其所处的地位与所掌握的资源完全主导了政策制定过程。

二、以规范性教育政策为主

规范性政策，也可称为限制性政策，"是指政府运用一般的规则和规范约束社会群体的行为，从而减少各种危害性行为，这些规则在一定社会范围内具有相对的普适性"①。此阶段的民办高等教育政策表现为规范性政策，即通过限制来达到管理民办高等教育机构的目的，维护民办高等教育办学的正常秩序。此阶段的民办高等教育政策可以分为两个层面。其一是《宪法》（1982 年发布）和《中共中央关于教育体制改革的决定》（1985 年发布），明确鼓励集体、个人和其他社会力量进行办学，把一定的举办教育的权利交给私人或私立机构等。其二是 1986～1991 年先后公布实施的 8 项政策规定，包括《关于不得乱登办学招生广告的通知》（1986 年发布）、《关于旧社会由私人创办的私立学校可否恢复原校名问题的复函》（1986 年发布）、《关于社会力量办学的若干暂行规定》（1987 年发布）、《社会力量办学财务管理暂行规定》（1987 年发布）、《关于社会力量办学几个问题的通知》（1988 年发布）、《社会力量办学教学管理暂行规定》（1988 年发布）、《关于跨省、自治区、直辖市办学招生广告审批权限的通知》（1990 年发布）、《社会力量办学印章管理暂行规定》（1991 年发布），具体针对社会力量（包括民办高校）办学进行限制与管理。由此可见，在《宪法》明确民办高等教育的合法地位之后的 4 年内竟无对民办高等教育进行规范管理的政策规定。而在 1982～1986 年短短 5 年间，民办高校就如雨后春笋般增加至上百所。8 项关于社会力量办学的政策规定正是始于解决民办高校数量迅速增加的背后不断出现的办学乱象。政策表现出的"限制"呈现在对社会力量办学的各项规定、通知之中。这些规定对民办高等教育活动具有一定的限制性和强制性。这些规范性政策的实施，使民办高等教育机构的办学行为有章可循，对于规范办学主体的办学行为和维护正常办学秩序发挥了重要作用。

三、政策形成受政策环境制约严重

政府主要通过制定和执行各种政策来对民办高等教育进行管理，而"政策的形成是教育政策活动的关键阶段，直接决定了出台的教育政策的质量，影响着教育政策的后续执行"②，民办高等教育政策也不例外。"政策的制定，自始至终都要受到整个教育政策

---

① 褚宏启. 教育政策学[M]. 北京：北京师范大学出版社，2011：15.
② 褚宏启. 教育政策学[M]. 北京：北京师范大学出版社，2011：171.

环境的影响和制约。"[①] 环境制约甚至决定着政策，体现在政策从制定到执行的全过程中，即政策随环境的变化而发展，而环境对政策实施有着无法抗拒的影响。对于改革开放后恢复发展的民办高等教育，其政策选择主要受到两大方面的环境因素制约。其一是历史积淀的传统教育意识与观念。党的十一届三中全会以后，虽然非公有制经济成分在经济体制改革过程中得以萌芽，但是其发展历程充满了排斥与怀疑。以"公"性质好的陈旧认识导致了教育体制改革难以深入进行，高等教育固有模式依然继续，民办高等教育在取得《宪法》赋予的合法地位之后得不到应有的关注，处于"似乎可有可无而又事实存在"的艰难境地，更无法获得公众的认同。当时，在大多数人看来，民办高等教育可能会扰乱办学秩序和降低教育质量。其二是残存的国家垄断意识。尽管中国有几千年的私学传统，但大一统的民族文化和统治阶级的强权意志使自由思想的传播与私学的自治始终受到不同程度的排斥；如果说古代私学代表了一种自由思想的传播与知识分子独立精神与道德的追求，那么现代民办大学，作为一种非政府创办的教育机构，同样代表着强烈的学校独立与自治要求，而这无疑与专制的传统相冲突。改革开放以后，虽然建立了开放民主的政治体制，但是由国家举办高等教育的格局没有被彻底打破，以致此阶段的民办高等教育政策表现出"宏观肯定但微观否定"的倾向。

第四节　早期教育政策对民办高等教育发展的影响

改革开放推动了中国经济的飞速发展，也让人们的思想得到解放，使人们深刻感受到知识的力量，希望获得教育的需求在不断增长。由于"文化大革命"期间教育发展的停滞和改革开放以后经济社会的迅速发展，解决人才问题成为社会主义建设的首要任务。培养大批受过良好职业技术教育的中、初级技术人员、管理人员、技工和其他受过良好职业培训的城乡劳动者，是改革开放初期经济社会发展的迫切需求。国家层面的教育政策充分体现了教育服务于经济建设和社会发展的原则。

一、形成早期民办高等教育政策的经济理性价值观

尽管早期民办高等教育在政府的允许与限制态度中艰难前行，但是其旨在实现经济发展的预期目的是不容置疑的。因此，改革开放后，政府在经济体制改革初期的教育领域除了改革教育体制之外，最显著的政策就是通过充分调动集体经济组织、国家企业组织和其他社会力量的积极性，鼓励社会力量办学发展职业技术教育与培训来实现经济的迅速发展。这种价值倾向主要在《中共中央关于教育体制改革的决定》和《关于社会力量办学的若干暂行规定》中有所体现。作为一项公共政策，民办高等教育政策的活动本质上也是国家层面的决策主体为了实现经济快速增长的主动选择活动，其经济理性成为制定和实施早期民办高等教育政策的基本价值。这种经济理性逐渐成为我国民办高等教育政策制定的认同基础并在后续的各个阶段的政策中有不同程度的体现。

---

① 褚宏启. 教育政策学[M]. 北京：北京师范大学出版社，2011：109.

二、制约早期民办高等教育的成长

教育前行的每一步都离不开教育政策的扶持。中华人民共和国成立之后沉寂近 30 年才兴起的我国民办高等教育实践更与教育政策有着紧密的关系。1982 年《宪法》明确规定了社会力量举办各种教育机构的合法性，为发展民办高等教育提供了宪法性依据。这一阶段，中共中央提出了开展以政府办学为主体、社会各界共同参与的办学体制改革，相继出台了一些政策法规对民办高等教育进行管理，但这些政策法规较多分散于《宪法》、《中华人民共和国教育法》（以下简称《教育法》）、《中华人民共和国职业教育法》（以下简称《职业教育法》）等法律或政府出台的其他规范性文件之中，还未制定专门的民办高等教育法律或教育行政法规，且现行的政策法律地位和法律效力不高。此阶段，出现这一问题主要归因于作为决策主体的政府对民办高等教育的地位和作用的认识模糊，使民办高等教育在孕育之初便遭遇质疑，这种政策的"先天不足"严重制约了早期民办高等教育的成长，以致影响民办高等教育办学实践。

三、加强早期民办高等教育办学行为的规范

此阶段政府相继出台 4 项规定，其中 3 项直接涉及民办高等教育机构的财务、教学和印章三大方面的管理。1987 年国家教育委员会发布的《关于社会力量办学的若干暂行规定》成为我国改革开放之后第一个较为全面的有关社会力量办学的法规性文件，其对民办高等教育的地位和发展定位做出了明确的规定，这就为早期民办高等教育办学指明了方向。在此规定实施之后，3 项直接涉及民办高等教育的规定先后制定并实施。由于财务问题是发展民办高等教育不可回避且十分敏感的问题，国家最初便对其特别重视，在 1987 年颁布实施《关于社会力量办学的若干暂行规定》之后的同年 12 月即颁布实施了《社会力量办学财务管理暂行规定》，它成为当时唯一的专门针对财务管理方面的政策法规。事实上，财务管理是民办高等教育发展中的重要任务，甚至影响到民办高校的生存。《社会力量办学财务管理暂行规定》从经费来源和经费管理使用两个方面对民办高等教育办学经费问题做出了规定，虽然较为原则且笼统，但使早期的民办高等教育财务管理有章可循，为经费政策的发展奠定了基础。而《社会力量办学教学管理暂行规定》和《社会力量办学印章管理暂行规定》则分别从教学管理和印章使用两个方面做出了相应的规定，这对数量迅速增多的民办高校的具体办学行为起到了一定程度的规范作用。从政策文本名称中的"暂行"二字可见，此时期的政策内容较笼统与模糊，但为此阶段的政策留下了一定的操作空间。

第三章 彷徨前行：民办高等教育政策的推进与发展（1993～1999年）

我国民办高等教育伴随着改革开放和现代化的进程不断发展，办学规模和办学质量发展迅速。民办高等教育在发展的过程中，也受到民办高等教育政策或显或隐的影响。从现有文献来看，大多数研究者把改革开放以来民办高等教育政策发展的第一个转折点确定为1993年，因为该年发布实施了两项与民办高等教育发展紧密相关的政策。其一，1993年2月13日印发的《中国教育改革和发展纲要》第十六条提出"改革办学体制。改变政府包揽办学的格局，逐步建立以政府办学为主体、社会各界共同办学的体制"，特别指出"高等教育要逐步形成以中央、省（自治区、直辖市）两级政府办学为主、社会各界参与办学的新格局"，并进一步强调"国家对社会团体和公民个人依法办学，采取积极鼓励、大力支持、正确引导、加强管理的方针"。其二，1993年8月17日发布的《民办高等学校设置暂行规定》第一条明确规定"民办高等学校是我国高等教育事业的组成部分"，删掉了"国家办学的补充"的内容。这两项规定有力地推动了民办高等教育政策的新一轮发展。

本书认为，自1993年发布实施《中国教育改革和发展纲要》至1999年年初国务院批转《面向21世纪教育振兴行动计划》，是我国民办高等教育政策变迁的第二个历史阶段。本书将此阶段的民办高等教育政策的特征概括为彷徨前行。

第一节 推进与发展阶段的政策环境

一项政策自形成到终结处于一个不断发展和完善的动态过程中。民办高等教育政策的制定、实施、修改、完善乃至取消，是由民办高等教育政策本身与其所处的环境之间的相互作用决定的。党的十四大在建设中国特色社会主义理论的指导下，确定了20世纪90年代我国教育事业改革和建设的重要任务，明确提出"必须把教育摆在优先发展的战略地位，努力提高全民族的思想道德和科学文化水平，这是实现我国现代化的根本大计"[①]。此阶段，与民办高等教育相关的多项政策不断出台实施。除政治环境之外，迅速发展的私营经济、思想解放及高等教育私营化的国际趋势等经济、文化等环境因素均对此阶段的民办高等教育政策的发展发挥了积极的作用。

---

① 江泽民. 加快改革开放和现代化建设步伐，夺取有中国特色社会主义事业的更大胜利：在中国共产党第十四次全国代表大会上的报告[EB/OL].（2007-08-29）[2018-10-28]. http://www.gov.cn/test/2007-08/29/content_730511.htm.

一、政治体制改革的稳步深入

党的十一届三中全会以来，党的工作重心由阶级斗争转向经济建设，为全面进行政治体制改革提供了充分条件。1980 年 8 月 18 日邓小平的《党和国家领导制度的改革》成为指导我国政治体制改革的纲领性文件，阐明了政治体制改革的必要性、紧迫性、长期性。随着经济体制改革的不断深入，党和国家采取了一系列推进政治体制改革的举措。1992 年 10 月，党的十四大确立我国经济体制改革的目标是建立和完善社会主义市场经济体制，同时积极推进政治体制的改革。1997 年 9 月，党的十五大进一步部署了政治体制改革和民主法制建设，提出依法治国的基本方略，并将其作为政治体制改革的重要目标。依法治国方略对党政关系进行了调整，要求党要依法办事，在宪法和法律的范围内依法规范自身的行为，依法划分出党和国家的职权范围。这一方略还要求党将主要精力放在制定路线方针政策上来。改革开放以来，我国进行了 7 次较大规模的政府机构改革，其中两次发生在这一阶段，分别是 1993 年和 1998 年的政府机构改革。政府机构改革的实践坚持以适应社会主义市场经济体制改革为目标，把转变政府职能作为机构改革的关键；坚持精简、统一、效能的原则，把精兵简政、优化政府组织结构作为机构改革的重要任务；坚持机构改革与干部人事制度改革相结合，优化干部队伍结构；坚持统一领导，分级负责，分步实施，从实际出发，因地制宜地进行改革。虽然此阶段的政府机构改革未能重视政府的社会管理与公共服务职能，但是所取得的成效是有目共睹的。

二、私营经济的迅速发展

1992 年的秋天，党的十四大提出在建立社会主义市场经济体制的过程中，国家要为各种所有制经济平等参与市场竞争创造条件，对各类企业一视同仁；在所有制结构上，以公有制（包括全民所有制和集体所有制）为主体，个体经济、私营经济、外资经济为补充，多种经济成分长期共同发展。1997 年，党的十五大把"以公有制为主体，多种所有制经济共同发展"的方针确定为我国社会主义初级阶段的一项基本经济制度，并且指出，非公有制经济是我国社会主义市场经济必不可少、不可替代的重要组成部分，对个体经济和私营经济等非公有制经济要继续鼓励、支持和引导，使之健康发展。1999 年年初，《宪法修正案》通过，该修正案共 6 条，其中第五条将 1982 年《宪法》第十一条"国家允许私营经济在法律规定的范围内存在和发展。私营经济是社会主义公有制经济的补充。国家保护私营经济的合法的权利和利益，对私营经济实行引导、监督和管理"修改为"在法律规定范围内的个体经济、私营经济等非公有制经济，是社会主义市场经济的重要组成部分。国家保护个体经济、私营经济的合法的权利和利益。国家对个体经济和私营经济实行引导、监督和管理"。这是自 1988 年《宪法修正案》对私营经济的宪法地位予以确认之后，再次对个体经济、私营经济等非公有制经济的地位和作用做出的规定。这项修正案的通过为私营经济的发展提供了良好的制度环境，实现了私营经济的一次跨越式发展。

"私营经济是我国改革开放以来发展最快的经济成分，它已成为国民经济中极具活力的经济增长点，与其他非公有制经济一起对我国经济的持续稳定增长起了极其重要的作用。"[1] 1992～1999 年，全国私营企业实现的产值从 205 亿元增长到 7687 亿元，私营

---

① 木志荣. 中国私营经济发展研究[D]. 厦门：厦门大学，2003：36.

企业产值占 GDP（gross domestic product，国内生产总值）比重由 0.77%上升到 9.37%。值得注意的是，1992～1994 年，我国私营企业产值保持高速的增长，其中 1994 年私营企业产值的增长速度最快，高达 173.46%。另据统计，1992 年之后涌现出一批规模较大的私营企业或私营企业集团。1992～1999 年，注册资金超过 100 万元的私营企业从 1801户增长到 164 005 户，增加了 90.06 倍；注册资金超过 500 万元的私营企业从 1995 年的7249 户增长到 1999 年的 34 245 户，增长了 3.72 倍。1995 年，全国登记注册的私营企业集团有 474 家；到 1999 年，私营企业集团达到 1689 家，5 年之内增加了 2.56 倍。这些数据说明我国私营经济的发展带动了一批规模较大和实力雄厚的私营企业的产生与发展。

三、高等教育私营化的国际趋势

1997 年，世界银行和联合国教育、科学及文化组织（以下简称联合国教科文组织）分别发表了有关世界高等教育发展状况的报告，承认当时高等教育面临世界性危机，即高等学校招生数量猛增，规模急速扩大，而教育经费严重不足。面对这一危机，世界银行主张解决的主要途径是实行高等教育私营化。而联合国教科文组织认为国家应从经济发展和社会公平等长远利益出发增加投资。事实上，高等教育私营化成为各国教育改革的突破口，一种摆脱高等教育危机的政策选择。"所谓教育私营化，主要包括两个方面，一是传统意义上的私立学校的创建和运营，二是运用市场经济的法则和机制管理公立和其他性质的教育机构和单位；由于私立学校和教育机构自身也必然采用市场法则运营，因此，教育私营化亦可概括为：运用市场法则和机制管理学校和教育机构的过程和趋势。"[①]高等教育私营化对我国高等教育产生了重要影响，主要表现为 4 个方面[②]。一是解决了高等教育经费短缺与国家发展高等教育的矛盾。我国普通高等教育经费从 20 世纪 80 年代政府支出占 95%以上，到 1998 年仅占 60%，而且接受高等教育的人数不断增加[③]。1994年，世界银行的《高等教育：从经验中学习教训》把高等教育私营化作为解决当时高等教育扩展与经费短缺之间矛盾的重要途径。二是促进了高等教育供给方式的多样化和增强了学生高等教育的选择性。现代高等教育发展的一个重要特点就是学生对高等教育的选择性不断增强，学生可以选择多样化的高等教育方式，这就要求作为选择对象的高等教育必须提供相应的多样化的方式。而高等教育私营化能有效地提供这种多样化的方式，这比单纯靠加大国家的教育投入及扩大免费教育更有成效[④]。三是可以提高高等学校的经营管理效率。由于主要依靠国家经费，公立高校缺乏发展动力，极易产生官僚主义、办事效率低等问题。高等教育私营化将公司治理模式引入民办高等教育管理中，以效率和利益最大化为目标，精简机构，有效利用资金，有利于提升学校的管理效率。四是能增强高等学校的消费者的责任感和责任意识。在高等教育私营化条件下，学生和用人单位都是高等学校的消费者，虽然他们之间的关系有别于商业关系，但高等学校对其消费者有着不可推卸的责任，尤其是民办高校的生存与发展直接受制于消费者的满意和认可程度。

---

① 曲恒昌. 西方激进派的"一致性"理论与世界教育私营化的勃兴[J]. 比较教育研究，2001（6）：39.
② 曾华. 中国高等教育私营化问题探析[J]. 陕西教育学院学报，2012（4）：12-13.
③ 王莉芬. 世界高等教育发展趋势及其启示[J]. 高等教育研究，2008（12）：12-17.
④ 曾华. 中国高等教育私营化问题探析[J]. 陕西教育学院学报，2012（4）：12.

四、高等教育市场的不断扩大

国家统计局数据显示，1993 年我国总人口 11.8 亿，人均国内生产总值 2648 元，城镇居民人均用于生活费的收入 2337 元[①]，GDP 达 4447.31 亿美元[②]。1994 年我国总人口 12 亿，城镇居民人均收入 2583 元，人均支出 2111 元[③]，GDP 达 5643.25 亿美元，比 1993 年增加了 1195.94 亿美元[④]。截至 1998 年，我国总人口达 12.48 万[⑤]，城乡居民家庭人均收入 2162 元，城镇居民家庭人均可支配收入 5425.1 元[⑥]，GDP 达 1.09 万亿美元[⑦]。这一显著的变化充分表明我国城乡居民收入逐年提高。与此同时，人民群众对教育消费的支出也不断增加。国家统计局 1999 年统计年鉴数据显示，1998 年我国各地区城镇居民家庭平均每人全年消费性支出 4331.61 元，其中用于教育的支出 275.01 元[⑧]。国家统计局 2000 年统计年鉴数据显示，1999 年我国各地区城镇居民家庭平均每人全年消费性支出 4615.91 元，其中用于教育的支出 323.33 元[⑨]。这显示了我国居民教育支出逐渐增加的趋势。随着人民物质生活水平的提高，人们对教育多样化的需求日益强烈，教育的"卖方市场"向"买方市场"转变，优质的高层次学历教育已不能满足社会的需求。要解决这一矛盾，就需要国家采取加大教育投入等多种有效措施，但是仅凭国家财力，短期内有效解决这一难题是困难的。无疑，大力发展民办高等教育是摆脱此阶段教育困境的有效途径。教育消费的增加会带动教育市场的繁荣，也会拓展民办高等教育发展的空间。

第二节　推进与发展阶段的主要政策

一、主要政策文本

推进与发展阶段的民办高等教育主要政策文本共有 13 项，其中法律 2 项、纲要 1 项、规划 1 项、条例 1 项、规定 2 项、通知 4 项、意见 2 项。按照政策颁布和实施的时间先后顺序，分别是《关于境外机构和个人来华合作办学问题的通知》（1993 年发布）、《中国教育改革和发展纲要》（1993 年发布）、《民办高等学校设置暂行规定》（1993 年发

---

① 数据库. 中国人口——经济数据表（1993 年）（一）[J]. 市场与人口分析, 1994（1）: 62.

② 快易理财网. 中国历年 GDP 数据[EB/OL].（2020-03-17）[2020-03-17]. https://www.kylc.com/stats/global/yearly_per_country/g_gdp/chn.html.

③ 数据库. 中国人口——经济数据表（1994 年）[J]. 市场与人口分析, 1995（5）: 60.

④ 同②.

⑤ 1999 年统计年鉴. 4-1 人口数及构成. [EB/OL].（2020-03-17）[2020-03-17].http://www.stats.gov.cn/yearbook/indexC.htm.

⑥ 1999 年统计年鉴. 10-3 城乡居民家庭人均收入及指数.[EB/OL].（2020-03-17）[2020-03-17]. http://www.stats.gov.cn/yearbook/ indexC.htm.

⑦ 同②.

⑧ 1999 年统计年鉴. 10-12 各地区城镇居民家庭平均每人全年消费性支出（1998 年）[EB/OL].（2020-03-17）[2020-03-17]. http://www.stats.gov.cn/yearbook/indexC.htm.

⑨ 2000 年统计年鉴. J12 各地区城镇居民家庭平均每人全年消费性支出（1999 年）[EB/OL].（2020-03-17）[2020-03-17]. http://www.stats.gov.cn/tjsj/ndsj/zgnj/muluj.html.

布）、《关于民办学校向社会筹集资金问题的通知》（1994 年发布）、《中外合作办学暂行规定》（1995 年发布）、《教育法》（1995 年发布）、《关于加强社会力量办学管理工作的通知》（1996 年发布）、《关于社会力量办学管理经费问题的意见》（1996 年发布）、《全国教育事业"九五"计划和 2010 年发展规划》（1996 年发布）、《社会力量办学条例》（1997 年发布）、《关于实行社会力量办学许可证制度有关问题的通知》（1997 年发布）、《国家教育委员会关于实施〈社会力量办学条例〉若干问题的意见》（1997 年发布)）、《中华人民共和国高等教育法》（以下简称《高等教育法》）（1998 年发布）。

二、主要政策内容

自《中国教育改革和发展纲要》制定至《面向 21 世纪教育振兴行动计划》批转的这一阶段是我国颁布和涉及民办高等教育发展的政策较频繁的阶段。这些政策的重要内容包括民办高等教育地位问题、国家发展民办高等教育的基本方针、民办高等教育办学主体问题和办学宗旨问题。特别指出，这一阶段专门出台了两部与民办高等教育发展紧密相关的政策，分别是《民办高等学校设置暂行规定》（1993 年发布）和《社会力量办学条例》（1997 年发布），它们为民办高等教育事业的改革与发展提供了有力的政策支持。因此，本书将重点分析这两部政策中有关民办高等教育地位、国家发展民办高等教育的基本方针、民办高等教育办学主体多元化和非营利办学宗旨等内容。

（一）强调和重申民办高等教育作为国家办学补充的地位

1993 年 2 月，中共中央、国务院印发的《中国教育改革和发展纲要》第十六条提出："改变政府包揽办学的格局，逐步建立以政府办学为主体、社会各界共同办学的体制"；"国家对社会团体和公民个人依法办学，采取积极鼓励、大力支持、正确引导、加强管理的方针"。同年 8 月 17 日，国家教育委员会颁布的《民办高等学校设置暂行规定》第一条也指出"民办高等学校是我国高等教育事业的组成部分"。此内容在《教育法》（1995 年发布）、《全国教育事业"九五计划"和 2010 年发展规划》（1996 年发布）中再次加以重申。1995 年 3 月公布的《教育法》第三章关于"学校及其他教育机构"中提出："国家鼓励企业事业组织、社会团体、其他社会组织及公民个人依法举办学校及其他教育机构。任何组织和个人不得以营利为目的举办学校及其他教育机构。"1996 年 4 月 10 日制定的《全国教育事业"九五"计划和 2010 年发展规划》第四部分提出："到 2010 年，基本形成以政府办学为主，社会各界共同参与的办学体制及公立学校和民办学校共同发展的格局。"1997 年 8 月，国务院发布的第一部专门针对民办教育的行政法规——《社会力量办学条例》第三条也提出"社会力量办学事业是社会主义教育事业的组成部分"，并要求"各级人民政府应当加强对社会力量办学工作的领导，将社会力量办学事业纳入国民经济和社会发展规划"。该条例第五条还规定"国家严格控制社会力量举办高等教育机构"。由此可见，此阶段出台的主要政策继续肯定了民办高等教育在我国高等教育体系中作为公办高等教育补充的地位，对其发展所持的态度犹如钟摆，忽左忽右。

（二）明确国家发展民办高等教育的基本方针

1993 年，中共中央和国务院制定的《中国教育改革和发展纲要》首次明确了对社会力量办学的十六字方针："积极鼓励、大力支持、正确引导、加强管理"①。此后 1997 年颁布实施的《社会力量办学条例》第三条也明确指出"国家对社会力量办学实行积极鼓励、大力支持、正确引导、加强管理的方针"。这不仅重申了《中国教育改革和发展纲要》的办学方针，还指出了"社会力量办学是社会主义教育事业的组成部分"②，并要求"各级政府将民办教育事业纳入国民经济和社会发展规划"③，进一步规定了发展民办教育的基本原则、行政管理体制、民办教育机构的设立、资产与财务管理、教学管理、机构的变更与解散、政府的保障与扶持等内容。显然，这些规定有助于民办高等教育的健康有序发展，但是对办学过程中出现的突出问题，还缺乏系统性的、前瞻性的应对策略。值得一提的是，1997 年的《社会力量办学条例》第五条规定的"国家严格控制社会力量举办高等教育机构"仅仅施行 1 年之后，1998 年出台的《高等教育法》第六条第二款就明确提出"国家鼓励企业事业组织、社会团体及其他社会组织和公民等社会力量依法举办高等学校，参与和支持高等教育事业的改革和发展"，并在第七章"高等教育投入和条件保障"中规定，"国家鼓励企业事业组织、社会团体及其他社会组织和个人向高等教育投入"④，"高等学校的举办者应当保证稳定的办学经费来源，不得抽回其投入的办学资金"⑤。这是此阶段政策内容的一项突破性变化，充分体现出此阶段国家对发展民办高等教育所秉持的鼓励与支持的基本态度。国家对发展民办高等教育的基本方针得以确立，并延续至今。

（三）推动高等教育办学主体多元化

高等教育与社会经济协调发展是高等教育发展的基本规律之一，私营经济的迅猛发展使经济成分多样化，这也必然要求教育多元化与之相适应。经济成分多样化不仅仅带动了经济建设的迅猛发展，更为重要的是为高等教育办学主体的多元化提供了物质基础。此阶段我国继续颁布实施了一系列法律法规，制定了一系列措施来完善办学体制，改变了政府包揽办学的格局，形成了办学主体从一元到多元的转变。现阶段，"高等教育要逐步形成以中央、省（自治区、直辖市）两级政府办学为主、社会各界参与办学的新格局"，"国家欢迎港、澳、台同胞、海外侨胞和外国友好人士捐资助学。在国家有关法律和法规的范围内进行国家合作办学"⑥。1997 年出台的《社会力量办学条例》第五条提出"国家严格控制社会力量举办高等教育机构"，这就严格限制了民办高等教育的发展空间。而 1998 年的《高等教育法》第六条则指出："国家根据经济建设和社会发展

---

① 《中国教育改革和发展纲要》（1993 年发布）第十六条。

② 《社会力量办学条例》（1997 年发布）第三条。

③ 同②。

④ 《高等教育法》（1998 年发布）第六十条第三款。

⑤ 《高等教育法》（1998 年发布）第六十一条。

⑥ 《中国教育改革和发展纲要》（1993 年发布）第十六条。

的需要，制定高等教育发展规划，举办高等学校，并采取多种形式积极发展高等教育事业。国家鼓励企业事业组织、社会团体及其他社会组织和公民等社会力量依法举办民办高等学校，参与和支持高等教育事业的改革和发展。"这标志着民办高等教育政策发生重大变化，国家对民办高等教育发展鼓励与支持的态度越发明朗。1998 年教育部制定的《面向 21 世纪教育振兴行动计划》第三十九条也提出："今后 3～5 年，基本形成以政府办学为主体、社会各界共同参与、公办学校和民办学校共同发展的办学体制。"这也充分体现出国家对发展多元主体办学的积极态度，国家正在大力推动办学主体的多元化进程。纵观改革开放至今的民办高等教育政策及其变迁，可以发现，我国逐步推行日渐宽松的教育多元主体办学政策，不但实现了高等教育办学主体的多元化，而且为民办高等教育的改革与发展提供了法律保障。

（四）坚持民办高校"不得以营利为目的"的办学宗旨

民办高校是社会主义市场经济的产物，其特点是投资办学。由于资本先天的逐利特性，民办高校基本上带有寻利的目的。而由于高等学校提供的教育产品属于准公共产品，教育具有公益性。此阶段关于民办高等教育这一办学形式，其"不营利"的规定频繁出现于多项法律规定中。1993 年的《民办高等学校设置暂行规定》第七条明确规定"民办高等学校不得以营利为办学宗旨"。1995 年颁布的《教育法》第二十五条也明确规定"国家鼓励企业事业组织、社会团体、其他社会组织及公民个人依法举办学校及其他教育机构。任何组织和个人不得以营利为目的举办学校及其他教育机构"。作为涉及民办教育的首部立法，1997 年 10 月 1 日出台实施的《社会力量办学条例》第六条明确规定"社会力量举办教育机构，不得以营利为目的"。1998 年颁布的《高等教育法》第二十四条更是强调与重申"设立高等学校，应当符合国家高等教育发展规划，符合国家利益和社会公共利益，不得以营利为目的"。由此可见，此阶段的政策内容强调民办高等教育非营利性问题，虽然使当时的民办高等教育面临"营利"与"盈利"的矛盾，但是为确立民办高等教育公益性的基本属性打下了理论基础。

第三节　主要政策特征

在不同的环境和不同的历史时期，民办高等教育政策呈现的特征是不同的。20 世纪 90 年代，随着政治和经济体制改革的不断深入，民办高等教育政策也逐渐发展。此阶段的教育政策质的内核初见端倪，并表现在各项颁布与实施的民办高等教育政策文本之中。

一、开始关注政策执行主体的利益需求

"教育政策是政策主体控制教育资源，追求教育利益的一种活动"[①]，不同的教育政

---

① 刘复兴. 教育政策的价值系统[J]. 清华大学教育研究，2003（2）：6.

策主体之间保持适度的张力，表达各自不同的利益诉求，进而不断整合并形成合理的价值选择，这样才有利于保证教育政策制定和实施的有效性。滥觞与起步阶段的民办高等教育政策主要是决策主体利益的体现与表达，表现出了满足国家政治需求的价值取向。而此阶段的民办高等教育政策开始关注政府与民办高校各自的权利与义务，并且对待民办高等教育的态度有所转变，在继续肯定民办高等教育作为公办高等教育的补充地位的同时，逐渐认识到政府包揽办学的各种弊端，明确建立以政府办学为主体、社会各界共同办学的体制。从态度上的变化和办学体制的转变可见，此阶段的民办高等教育政策呈现出的特征之一是开始关注政策执行主体的利益需求，而不再仅满足政府这一决策主体的利益需求。

二、政策内容结构中矛盾突出

一般认为，政策由目标、手段和对象 3 个要素构成；一个好的政策应该是目标明确、对象界限清楚、手段有效而可行的政策。[①] 政策内容结构可以分为纵向和横向两个维度。"纵向维度的教育政策内容结构包括教育政策目标、手段和对象的一致性程度；横向维度的教育政策内容结构包括教育政策目标、条件和途径与其他公共政策的衔接程度。[②] 两个维度的教育政策内容结构中的矛盾将影响教育政策的公正性及政策目标能否实现。此阶段的民办高等教育政策内容结构中存在矛盾，主要体现在以下 3 个方面：一是不够明确的政策目标与缺乏实效的政策手段之间存在矛盾；二是政策目标群体界定不清致使政策执行困难；三是与其他公共政策之间的联系不紧密导致政策体系建构不完善。国家在制定民办高等教育政策时缺乏发展民办高等教育的长远规划与整体战略，表现出极大的随意性与盲目性。"国家在制定民办高等教育发展政策时，往往强调教育行政主管部门的引导和管理，控制的成分较多；国家的权利相对于义务，权利广及规定办学目的到实施管理的各个方面，义务则主要是一种政治上的表态和支持，原则性较强，可操作性差，突出表现在尚缺乏经费资助的明确规定和如何鼓励发展的具体措施。"[③] 因此，在这样的政策影响下，民办高等教育的社会地位和性质一直未能得到应有的、合理的认可与界定。

三、"营利与非营利问题"开始成为影响政策制定的核心问题

各种教育政策问题的形成与产生与教育政策主体控制教育资源并追求相应的教育利益有着紧密的联系。而教育政策可以理解为政府在教育领域进行决策的结果。教育政策所实施的内容是教育领域的公共政策，所调整的对象是教育领域的社会关系，所解决的问题是教育领域的社会问题。此阶段的民办高等教育政策也是政府作为政策决策主体决策的结果，其"营利与非营利"这一矛盾日益成为各方关注的焦点，并开始成为影响政策制定的核心问题。由于民办高等教育的投资者盲目追求经济利益而严重损害教育的公共利益，与大力支持和鼓励发展民办高等教育的初衷背道而驰，政府开始意识到资本的逐利性将民办高等教育发展带离了教育应坚持的公益性的道路。因此，国家除了"严

① 斯图亚特·S 那格尔. 政策研究百科全书[M]. 林明，等译. 北京：科学技术文献出版社，1997：7.

② 孟卫青. 教育政策分析：价值、内容与过程[J]. 现代教育论丛，2008（5）：38-41.

③ 张随刚. 民办高等教育政策研究[D]. 厦门：厦门大学，2001：20.

格控制社会力量举办高等教育机构"[①]，还明确规定了"任何组织和个人不得以营利为目的举办学校及其他教育机构"[②]，特别指出"社会力量举办教育机构，不得以营利为目的"[③]。虽然这一规定在出台后带来了一系列政策执行中的矛盾冲突，但毋庸置疑的是关于"营利与非营利问题"的规定开始成为影响民办高等教育发展的重要议题。这一问题如何解决将关系到民办高等教育如何进行规范管理。

第四节　主要政策影响

从发轫到 20 世纪 90 年代末，民办高等教育政策在内容上不断丰富与完善，开始关注作为政策执行主体的社会与民办高校的利益需求，尽管政策内容结构上矛盾突出，但是开始考虑影响政策目标实现的核心问题。此阶段的民办高等教育政策得到了迅速发展，并直接影响民办高等教育的生存与发展。

一、吸引更多社会力量投资参与民办高等教育办学

正是由于政策执行主体的利益需求开始受到关注，《中国教育改革和发展纲要》明确提出"改革办学体制"。在私营经济迅速繁荣、高等教育私营化国际趋势及高等教育市场不断扩大的背景下，社会力量投资高等教育领域办学的热情被改革办学体制的春风掀起。在短短 6 年时间内，国家先后在《中国教育改革和发展纲要》（1993 年发布）、《民办高等学校设置暂行规定》（1993 年发布）、《教育法》（1995 年发布）、《社会力量办学条例》（1997 年发布）、《高等教育法》（1998 年发布）这 5 项政策法规中明确提出鼓励和支持民办高等教育发展的方针。正是这一鲜明的态度真正将社会力量办学的热潮掀起。

据教育部统计，1996 年各级各类民办学校拥有资产约计 1463 亿元。1996 年，举办者投入 120.4 亿元，学费积累 334.1 亿元，社会捐赠 8.6 亿元；1997 年，举办者投入 124.5 亿元，办学积累 61.5 亿元，社会捐赠 6.3 亿元。另据统计，1997 年公办高校有 2107 所，注册学生数为 588.46 万人，民办高等教育机构共有 1115 所，注册学生数为 120.4 万人，公办与民办学生之比为 4.89∶1。民办高等教育委员会对民办高校的调查数据显示，"1997 年，在校生在 5000～10 000 人的院校有 13 所，在校生超过万人的有 3 所；民办高校中，如西安翻译学院（1987 年建校）和西安外事学院（1992 年建校），1998 年在校生都达到了 1.3 万人"[④]。

---

① 《社会力量办学条例》（1997 年发布）第五条。
② 《中华人民共和国教育法》（1995 年发布）第二十五条。
③ 《社会力量办学条例》（1997 年发布）第六条。
④ 王炳照. 中国私学·私立学校·民办教育研究[M]. 济南：山东教育出版社，2002：582.

二、限制民办高等教育发展空间

从民办高等教育曲折的发展历程可以看出，政策成为民办高等教育生存与发展的最大资源。这一阶段颁布和实施的民办高等教育相关的政策基本缓和了政策供给矛盾。但是作为资源配置主体的政府在此阶段却采取了对民办高校诸多的控制，使民办高等教育难以发展壮大。同时，人们对高质量教育和优质教育资源的需求未得到有效的满足，国家公办高等教育要解决教育公平的问题与协调教育差别的目标是难以实现的。国家一方面希望发展民办高等教育以减轻政府教育财政负担，另一方面担忧民办高等教育以获得利润为目的而降低教育质量。此阶段的民办高等教育政策反映出的"积极鼓励"与"严格控制"规定上的矛盾，使民办高等教育发展历经磨难、充满艰辛。

三、导致民办高等教育营利性与非营利性之争

民办高等教育组织虽然是典型的市场化的产物，但是具有公益性。然而我国相关政策法规对民办高等教育机构进行的统一规定为"不得以营利为目的"，这样的规定反映出政府对民办高等教育公益性的重视和对民办高等教育举办者逐利性的担忧。此阶段的民办高等教育"捐资办学"与"投资办学"不加区分，政策法规对其强制的"非营利性"规定导致了我国民办高等教育营利与非营利问题持续多年。不加区分地硬性要求民办高等教育的非营利性，是严重脱离民办高等教育办学实际的行为，也影响更多社会力量投资参与民办高等教育办学的积极性，成为此阶段民办高等教育发展的政策羁绊。而民办高等教育机构的资金来源为非政府财政经费，这也决定了民办高等教育机构办学过程中天生的逐利性。此阶段的民办高等教育政策中的"非营利"规定直接引发了资本逐利性与教育公益性之间的矛盾，也引发了此后相当长时间内对民办高等教育营利或不营利问题的纷争。事实上，对民办高等教育机构而言，其投资办学者应该拥有所办学校的产权，包括所有权、使用权、收益权与转让权。民办高等教育机构的"营利性"本是符合宪法的，而且是现实存在的。这样硬性的政策规定脱离了我国民办高等教育发展的实际，严重挫伤了投资办学者的热情与信心，成为此阶段制约民办高等教育发展的制度障碍。

第四章　有法可依：民办高等教育政策的拓展
与延伸（1999～2010 年）

《面向 21 世纪教育振兴行动计划》是由教育部 1998 年 12 月 24 日制定、国务院 1999 年 1 月 13 日批转的一项教育领域的重要行动计划。该行动计划为我国教育事业指明了新的发展方向，其第三十九条提出"认真贯彻国务院对于社会力量办学实行'积极鼓励，大力支持，正确引导，加强管理'的方针，今后 3～5 年，基本形成以政府办学为主体、社会各界共同参与、公办学校和民办学校共同发展的办学体制。要制定有利于吸纳社会资金办教育和民办学校发展的优惠政策"，有力地推动了民办高等教育政策进入拓展与延伸阶段。虽然，从 20 世纪 80 年代初至 90 年代末的近 20 年时间里，通过不断修订和丰富民办高等教育政策法规，民办高等教育已经在高等教育多样化与私营化的道路上取得了较为显著的进步和积累了一定的经验，但是，如何科学地审视民办高等教育仍是一项难以解答的命题，而政府、社会、民办高校如何合理扮演各自的角色也是难以回答的问题，以至于此阶段的民办高等教育政策的落实情况不甚理想，仍然处于高等教育政策体系的边缘。

1999 年 6 月 13 日，《中共中央、国务院关于深化教育改革全面推进素质教育的决定》明确提出"进一步解放思想、转变观念，积极鼓励和支持社会力量以多种形式办学，满足人民群众日益增长的教育需求，形成以政府办学为主体、公办学校和民办学校共同发展的格局。凡符合国家有关法律法规的办学形式，均可大胆尝试。在发展民办教育方面迈出更大的步伐。鼓励社会力量以各种方式举办高中阶段和高等职业教育。经国家教育行政主管部门批准，可以举办民办普通高等学校"[①]。1999 年，我国高校扩招政策实施，这推动民办高等教育进入一个大发展的时期。鉴于此，本书将 1999 年作为民办高等教育政策历史变迁第三阶段的起点。但是《国家中长期教育改革和发展规划纲要（2010—2020 年）》的发布使民办高等教育政策发生了重要转向（将在第五章详细叙述），因此本书将这一历史事件和时间点确定为民办高等教育政策发展第三阶段的终点。总体而言，1999～2010 年，民办高等教育政策不仅在内容上进一步完善，还在政策执行方面加大了力度，使民办高等教育政策走上有法可依的发展道路。

---

① 中共中央，国务院. 中共中央、国务院关于深化教育改革全面推进素质教育的决定[EB/OL].（1999-06-13）
[2018-10-30]. http://old. moe. gov.cn/publicfiles/business/htmlfiles/moe/moe_177/200407/2478.html.

第一节　拓展与延伸阶段的政策环境

20 世纪 90 年代是我国经济快速发展的时期，到了 90 年代末期，我国基本走完了"经济特区—沿海港口城市—沿海经济开发区—沿江和内陆开放城市—延边开放城市"这一逐步推进的对外开放进程。在错综复杂的国际环境和日新月异的科技变革中，如何保持政治稳定和促进经济发展与社会进步成为我国当时需要解决的重要问题。我国民办高等教育政策的发展深受经济体制、政治体制、教育体制改革的影响与制约。"正是基于市场经济发展和高等教育大众化和市场化的推进，高等教育的类型不断更新，民办高等教育得到快速发展，对民办高等教育法律地位和合法性的政策诉求成为必然。"[①]

一、市场经济的多元化所有制结构形成

"随着我国社会转型和市场经济体制的逐步建立，政府逐渐'下放'对社会的'一体化'控制，民办高等教育获得发展的机遇。"[②] 党的十六届三中全会做出的《中共中央关于完善社会主义市场经济体制若干问题的决定》第四条提出："要适应经济市场化不断发展的趋势，进一步增强公有制经济的活力，大力发展国有资本、集体资本和非公有资本等参股的混合所有制经济，实现投资主体多元化，使股份制成为公有制的主要实现形式"。2004 年 3 月 14 日通过的《宪法修正案》及 2004 年《宪法》第十一条第二款明确规定"国家保护个体经济、私营经济等非公有制经济的合法的权利和利益。国家鼓励、支持和引导非公有制经济的发展，并对非公有制经济依法实行监督和管理"，第十三条第一款规定"公民的合法的私有财产不受侵犯"。"经济体制上的变革和社会主义市场经济的兴起，为我国教育体制改革提供了必要的物质基础，同时又对教育提出了新的挑战"[③]。经济体制改革在高等教育领域的重要表现就是办学主体的多元化。这无疑对于吸引更多的社会资金投入民办高等教育领域产生了积极的作用。

二、政治体制改革的纵深发展

随着我国政治、经济、文化和社会等方面的改革与发展，不断出现的问题与矛盾日益聚焦于政治体制改革上。在新的历史时期，党和政府积极回应民主政治的强烈呼唤，在大力推进经济体制改革的基础上努力推动政治体制改革，以实现新的历史跨越。此阶段有关学者提出"需要通过积极稳妥地推进政治体制改革，建设民主法治国家，建立廉洁高效政府，维护司法独立和公正，保障公民自由和权利"[④]。党和政府从我国的实际情况出发，完善各种民主制度，推进决策的科学民主化，保证人民依法行使各种权利。

① 朱为鸿. 论中国民办高等教育政策的演变与趋势[J]. 教育发展研究，2006（22）：41.
② 朱为鸿. 论中国民办高等教育政策的演变与趋势[J]. 教育发展研究，2006（22）：42.
③ 胡卫，何金辉，朱利霞. 办学体制改革：多元化的教育诉求[M]. 北京：教育科学出版社，2010：3.
④ 何增科，等. 中国政治体制改革研究[M]. 北京：中央编译出版社，2004：12.

党的十六届四中全会上指出要全面加强党的执政能力建设，"是中国社会主义事业兴衰成败、关系中华民族前途命运、关系党的生死存亡和国家长治久安的重要战略课题"[①]。党的十七大报告明确提出，"提高领导水平和执政能力作为各级领导班子建设的核心内容抓紧抓好"[②]。为此，党的十六届四中全会审议通过了《中共中央关于加强党的执政能力建设的决定》，并确定了加强党的执政能力建设的主要任务和各项部署。此外，政治体制改革的另一项重要内容就是行政管理体制改革。这项改革涉及以下几个方面：转变政府职能，改革政府机构，建设责任政府；加强依法行政，建设法治政府；强化公共服务与社会管理，建设服务政府；加强作风建设，建设廉洁政府。"政治体制改革的民主法制化进程，为公民参与政策生活与社会管理提供了制度上的保证。尤其是教育体制改革的成果大大促进了教育服务的多样化，赋予了公民更多的办学和参与教育管理的民主权利，人们对高质量教育选择权的获得成为现实的要求。"[③]

三、高等教育供需矛盾突出

高等教育的供求是指高等教育的供给和需求。高等教育供给和需求是由不同的主体来承担的，供给的主体是各种高等教育机构，需求的主体是国家、用人单位和个人。"[④]随着市场经济的逐步建立，教育对经济增长的作用日益明显。就个人而言，接受高等教育直接影响到个人将来的职业选择和经济收入等。就用人单位而言，人才的层次与质量有助于提高企业的竞争力。就国家和社会而言，高等教育培养的大量实用型专门人才满足了经济社会快速发展的需要。改革开放以来，社会和个人对高等教育的需求与日俱增。2002年报考大学的学生达527万人，比2001年增加73万人[⑤]。进入21世纪，我国居民储蓄存款余额不断增加，隐藏着巨大的投资潜力。然而，无法回避的却是高等教育供给的严重不足。当然，高等教育投入总量的不足是导致高等教育供给不足的重要原因，以致质量与规模都难以达到高等教育大众化的目标需求，从而阻碍了社会经济的健康快速发展。1993年的《中国教育改革和发展纲要》曾提出到2000年以前实现国家财政性教育经费占GDP 4%的目标，但直到2002年这一数据才达到3.32%，而且到2003年由于停收农村教育附加费等原因，又回落到3.28%[⑥]。在1999年高等教育扩招政策推行之后，全国高等教育财政经费在绝对数上虽有所增长，但生均预算内事业费支出与生均预算内公用经费支出却连年下降。要解决公共高等教育经费短缺问题仅靠政府财政性经费是完全不可能的，而吸收民间资本投入高等教育领域成为促进高等教育大众化，满足社会和个人对高等教育需求的必然途径[⑦]。

① 中共中央文献研究室. 十六大以来重要文献选编（中）[M]. 北京：中央文献出版社，2006：271-272.
② 中共中央文献研究室. 十六大以来重要文献选编（下）[M]. 北京：中央文献出版社，2008：39.
③ 朱为鸿. 论中国民办高等教育政策的演变与趋势[J]. 教育发展研究，2006（22）：41.
④ 靳希斌，刘林，魏真. 民办高校发展与策略研究[M]. 石家庄：河北教育出版社，2010：32.
⑤ 胡卉. 发展民办高等教育促进我国高等教育事业发展[J]. 中州大学学报，2005（3）：74-77.
⑥ 潘懋元，林莉. 2020：中国民办高等教育的前瞻[J]. 民办教育研究，2005（4）：1-4.
⑦ 靳希斌，刘林，魏真. 民办高校发展与策略研究[M]. 石家庄：河北教育出版社，2010：34.

四、高等教育领域引入市场机制

"高等教育领域引入市场机制是市场经济对高等教育的必然要求。"[①] 随着市场经济体制的发展与完善，市场对高等教育活动产生越来越明显的调节作用。在原有的计划经济体制下，高度的计划性让市场毫无生机与活力，市场对高等教育没有起到应有的作用；在市场经济体制下，市场对经济活动发挥了积极的调节作用，高等教育也不例外地受到市场的影响与调节。此阶段，引入市场机制的高等教育领域发生了重大的变化，主要体现在两个层面。一是高等教育形成了与其他行业与产业的竞争机制，这是市场经济大环境对高等教育的影响与调节的具体表现。高等教育开始与其他行业或产业在资金、人才方面进行竞争。高等教育在市场竞争中获取的资金缓解了国家教育资金投入不足导致的发展困境。同时，在严峻的市场竞争形势下，如何吸引和留住优秀人才成为高等教育必须重视的议题。二是高等教育领域内部形成在资金、生源和师资上的竞争。"一方面由于择业自由和用工自主，高校毕业生的就业不可能由国家（政府）包办，而主要由劳动力市场来解决。另一方面由于多种经济成分并存和人民群众收入的提高，高等教育投资渠道多元化已成为可能。"[②] 只有能够满足经济社会发展需要的专业的毕业生，才能在劳动力市场找到理想的就业岗位；只有开设符合市场需求的专业的学校，才可能吸引到高质量的生源与师资，并获得可观的资金投入，从而提高教学效益和教育质量。因此，在高等教育引入市场机制之后，公办高等教育和民办高等教育之间真正建立了一种竞争机制。民办高等教育不仅将大量社会资金投入公共服务领域，而且与公办高等教育形成竞争，以提高高等教育的整体教育质量和效益。然而，政府在这个过程中并未能平等地对待民办高等教育，特别是政策供给力度不够，民办高等教育在这一竞争机制中未能发挥应有的影响与作用。

第二节　拓展与延伸阶段的主要政策

一、主要政策文本

拓展与延伸阶段的民办高等教育主要政策文本共有 15 项，其中法律 1 项、决定 1 项、计划 1 项、条例 1 项、规定 1 项、办法 4 项、通知 5 项、意见 1 项。按照政策颁布和实施的时间先后顺序，分别是《面向 21 世纪教育振兴行动计划》（1998 年发布）、《中共中央、国务院关于深化教育改革全面推进素质教育的决定》（1999 年发布）、《教育部关于严格控制社会力量办学评比活动的通知》（1999 年发布）、《教育部、共青团中央关于加强社会力量举办的高等学校团的建设工作的意见》（2000 年发布）、《中共中央组织部、中共教育部党组关于印发〈关于加强社会力量举办学校党的建设工作的意见〉的通

---

① 张甸. 高等教育引入市场机制之探讨[J]. 高等教育研究，1993（3）：13.

② 同①.

知》（2000 年发布）、《关于社会力量办学收取学杂费的有关规定的通知》（2001 年发布）、《教育类民办非企业单位登记办法（试行）》（2001 年发布）、《社会力量设立科学技术奖管理办法》（2002 年发布）、《民办教育促进法》（2002 年发布）、《民办教育促进法实施条例》（2004 年发布）、《民办教育收费管理暂行办法》（2005 年发布）、《国务院办公厅关于加强民办高校规范管理引导民办高等教育健康发展的通知》（2006 年发布）、《民办高等学校办学管理若干规定》（2007 年发布）、《独立学院设置与管理办法》（2008 年发布）、《教育部办公厅关于修订和换发民办学校办学许可证的通知》（2008 年发布）。

二、主要政策内容

进入 21 世纪，我国民办高等教育的政策环境发生了显著的变化，民办高等教育积累起来的优势逐渐丧失，办学的竞争力也逐渐减弱。一些民办高校在专业和课程设置上盲目迎合市场需求，频繁变换专业招生，致使民办高校难以发展特色专业，难以树立品牌优势。受到高等教育扩招政策的影响，民办高校在生源市场中受到巨大的冲击，面临生存困境。民办高校办学多以营利为目的导致办学过程中教学资源投入严重不足，加之不重视师资队伍建设，教师流动性大，教育质量难以有效保障。还存在一种现象，就是诸多民办高校的校级领导大多具有丰富的公办高校的教学管理经验，导致了其内部管理制度呈现出与公办高校趋同的状况，这在一定程度上不利于民办高等教育办学灵活性的发挥。因此，如何使民办高等教育走上规范发展的道路成为这一阶段民办高等教育政策发展的重要议题。其中《民办教育促进法》（2002 年发布）的颁布成为民办高等教育政策变迁中的分水岭。此后，国家调整其政策导向，在确立民办高等教育合法性的同时，积极推进"依法管理"的方针，民办高等教育政策法律体系逐渐建立，实现了由"彷徨前行"到"有法可依"的转化。

（一）以"合理回报"缓解合法性危机

到 1999 年，我国仅有 22 所民办高校具有教育部承认学历的办学资格，另外 157 所列入学历文凭试点单位，其余 1095 所为民办非学历高等教育机构。在这一阶段，民办高等教育进入规模发展高峰期，暴露的问题也日益增多。"许多办学者主要出于利润刺激而投入民办高等教育，对教育产业的理解存在诸多偏颇，不少人认为教育要办成产业，办成产业就要追求利润，营利成为硬指标。办学理念的偏颇导致民办高等教育严重偏离高等教育发展规律，陷入盲目扩大招生规模、经费来源不稳定、经费管理不善、办学质量下降、招生效果不理想的困境，严重影响民办高校的生存与发展。"[①] "是否允许民办高等教育机构营利"成为这一阶段民办高等教育新的合法性诉求，迫切需要政府在政策上加以调控与规范，从而促成了《民办教育促进法》的颁布与实施。

《社会力量办学条例》与《民办教育促进法》主要内容对比如表 4-1 所示。

---

① 罗腊梅，王德清. 我国民办高等教育存在问题与应对之策[N]. 光明日报，2014-11-02（7）.

表 4-1 《社会力量办学条例》与《民办教育促进法》主要内容对比

内容	《社会力量办学条例》	《民办教育促进法》
适用范围	企业事业组织、社会团体及其他社会组织和公民个人利用非国家财政性教育经费，面向社会举办学校及其他教育机构的活动，适用本条例	国家机构以外的社会组织或者个人，利用非国家财政性经费，面向社会举办学校及其他教育机构的活动，适用本法
性质	社会力量办学事业是社会主义教育事业的组成部分	民办教育事业属于公益性事业，是社会主义教育事业的组成部分
办学方针	国家对社会力量办学实行积极鼓励、大力支持、正确引导、加强管理的方针	国家对民办教育实行积极鼓励、大力支持、正确引导、依法管理的方针
对发展民办高等教育的态度	国家严格控制社会力量举办高等教育机构	设立民办学校应当符合当地教育发展的需求，具备教育法和其他有关法律、法规规定的条件。民办学校的设置标准参照同级同类公办学校的设置标准执行
营利问题	社会力量举办教育机构，不得以营利为目的	民办学校在扣除办学成本、预留发展基金，以及按照国家有关规定提取其他的必需的费用后，出资人可以从办学结余中取得合理回报。取得合理回报的具体办法由国务院规定
产权	教育机构在存续期间，可以依法管理和使用其财产，但是不得转让或者用于担保。任何组织和个人不得侵占教育机构的财产	民办学校对举办者投入民办学校的资产、国有资产、受赠的资产及办学积累，享有法人财产权。民办学校存续期间，所有资产由民办学校依法管理和使用，任何组织和个人不得侵占

资料来源：《社会力量办学条例》和《民办教育促进法》政策文本相关内容。

《民办教育促进法》共设十章，分别是总则、设立、学校的组织与活动、教师与受教育者、学校资产与财务管理、管理与监督、扶持与奖励、变更与终止、法律责任、附则，共计 67 条。此阶段，关于民办高等教育营利问题的争论，在《民办教育促进法》中以"合理回报"给予最终的解释，虽然争议仍存在，但民办高等教育的合法性诉求得到了政策部门的回应。

（二）提出"依法管理"的重要方针

在《面向 21 世纪教育振兴行动计划》及之前的政策法规中，社会力量办学实行"积极鼓励、大力支持、正确引导、加强管理"的方针被多次明确提出，而在第九届全国人民代表大会常务委员会（以下简称全国人大常委会）第三十一次会议上通过的《民办教育促进法》，可以认为是对我国民办教育事业发展的一项重要的制度安排，它首次对民办教育提出"积极鼓励、大力支持、正确引导、依法管理"的方针，使用"依法"替换了"加强"二字。这是 1993 年《中国教育改革和发展纲要》提出"加强管理"之后发生的一次重要政策变化。2002 年的《民办教育促进法》中的"依法"二字更加凸显了该法颁布的重要意义，标志着我国民办高等教育步入有法可依的法治化轨道。2007 年的《民办高等学校办学管理若干规定》再次重申和强调"积极鼓励、大力支持、正确引导、依法管理"的方针，以引导民办高等教育的健康发展。此阶段民办高等教育政策在八项重大政策问题上进行了回答，"①以'促进'为宗旨，确立了发展民办高等教育的基本方针；②确立了民办高校与公办高校同等的法律地位；③明确了民办高等教育的非营利性质；④明确了民办高校师生与公办高校师生同等的法律待遇；⑤明晰了民办高校举办者与学校之间的产权关系；⑥对举办者的利益，即'合理回报'问题进行了法律规定；⑦规定了发展民办高等教育的优惠措施与办法；⑧划分了政府的职责范围，规范了政府与民办高校之间的法律关系等"①。这些原则性的政策规定为此阶段民办高等教育的发展营造了一个相对稳定的制度环境，有力地促进了民办高等教育的健康发展。

（三）重点关注产权问题

"产权问题是民办院校发展中的一个深层次的问题，是市场经济条件下各种所有制办学发展到一定阶段的产物，由其产生的一些关系问题能否得到合理妥善的解决，将极大地影响到我国民办高校发展的前景。"② 民办高等教育的产权问题一直是理论界和社会共同关注的核心问题。一直以来产权归属问题严重制约着民办高等教育的发展。民办高等教育机构的产权，"主要是指民办高校的财产所有权、经营权和使用权"③，而在改革办学体制和建立产权制度的过程中，过去的政策规定直接导致了民办高校的产权不明晰。就民办学校产权的界定，《社会力量办学条例》提出，"教育机构的财产应当与举办者的财产相分离，在教育机构存续期间，由教育机构依法管理和使用，但是不得转让或者用于担保；教育机构解散，应当依法进行财产清算，清算后的剩余财产，返还或者折价返还举办者的投入后，其余部分由审批机关统筹安排，用于发展社会力量办学"④。该条例关于民办高校解散时清算财产后的处理规定，没有充分考虑到投资者的利益，从而抑制了民办高等教育投资办学者的积极性，也引发了部分投资办学者不继续投资或一味追求投资短期效益的不良现象。这就推动了民办高等教育政策对于产权问题的积极探索。因此，《民办教育促进法》规定"民办学校对举办者投入民办学校的资产、国有资产、受赠的资产以及办学积累，享有法人财产权""民办学校存续期间，所有资产由民办学校依法管理和使用，任何组织和个人不得侵占"⑤。上述规定强调了法人财产权和民办教育机构存续期间由民办学校依法管理和使用所有资产。正如《促进法》的立法者指出，这样的规定可以保证学校在存续期间的正常运转，避免由于挪用、抽逃学校资金或把校产移作他用带来的风险"⑥。进而，2004 年出台的《民办教育促进法实施条例》提出"在每个会计年度结束时，捐资办学的民办学校和出资人不要求取得合理回报的民办学校应当从年度净资产增加额中、出资人要求取得合理回报的民办学校应当从年度净收益中，按不低于年度净资产增加额或者净收益的 25%的比例提取发展基金，用于学校的建设、维护和教学设备的添置、更新等"；第四十四条提出"出资人根据民办学校章程的规定要求取得合理回报的，可以在每个会计年度结束时，从民办学校的办学结余中按一定比例取得回报"⑦。该条例可对民办高校资产中的国有资产和受赠资产的监督、使用和管理做出原则性规定，但是回避了对出资人投入和办学积累增值部分校产的产权，以及解散时清偿债务之后剩余

① 张胜军，张乐天. 1978 年以来我国民办高等教育政策建设的历史、成就与问题[J]. 黑龙江高教研究，2007（12）：37.

② 武毅英. 论民办高等教育的产权关系[J]. 现代大学教育，2002（1）：25.

③ 同②。

④ 《社会力量办学条例》（1997 年发布）第四十三条。

⑤ 《民办教育促进法》（2002 年发布）第三十五条、第三十六条。

⑥ 宋秋蓉.《民办教育促进法》出台后的若干思考[J]. 浙江树人大学学报，2004（5）：6.

⑦ 《民办教育促进法实施条例》（2004 年发布）第三十七条、第四十四条。

财产的分配问题。

（四）完善规范办学行为的具体措施

由于民办高等教育投资办学具有资本逐利性，民办高等教育在发展过程中一直伴随着原则办学与实践办学之间的矛盾与冲突。为了缓解这一矛盾与冲突，政策内容也在不断调整和完善中。"1992 年到 1995 年，是民办高校数量增长最快的时期，从 450 所发展到 1227 所的规模，平均每年增长 194 所，是改革开放至今以来历史上数量增长最快的时期。"①

伴随高速的教育规模扩张，民办高校的办学违规违法现象不断涌现，冲击着政策法规的底线。在民办高等教育办学行为亟待规范的形势下，1998 年的高等教育体制改革展开和 1999 年的高校扩招政策实施让民办高等教育再次进入快速发展的时期。民办高等教育机构"从 1997 年的 1115 所增长到 2001 年的 1415 所，平均每年增加 75 所，而且，这一时期民办高等教育的发展，不仅仅用民办高等教育机构数的增长来反映，而且更反映在实施学历教育的民办高校从 20 所增长到 124 所，并且出现本科层次的民办高校"②。随后民办高等教育的"违规"事件再度频发，如盲目扩大办学规模、乱招生等，甚至发生学生群体性事件，对民办高等教育的社会声誉造成严重的损害。因此，由于短期内有效处理民办高等教育投资资本的逐利性与教育公益性之间的矛盾是不可能的，而且仅凭借市场的手段进行调节也是不能实现的，这就必须要求政府出台较为完善的规范办学行为的具体措施，用这只"看得见的手"进行适度的引导与调控。2007 年，《民办高等学校办学管理若干规定》在强调和重申民办高校应当"坚持社会主义办学方向和教育公益性原则，保证教育质量"的基础上，对民办高等学校的办学管理进行了详细规定，为其提供了一种行动的标准。

第三节　主要政策特征

进入 21 世纪，伴随政治和经济体制改革的深入推进，我国政治、经济、社会、文化等多方面发生了巨大变化。同时，高等教育全球化与国际化也在迅速发展。在这样的背景下，我国民办高等教育事业仍然艰难前行，而民办高等教育政策为了实现其可持续健康发展的目的，将重心转移到平衡政策主体间矛盾、政策目标的可行与具体及政策内容的规范与系统上来。在经历了破冰引航和彷徨前行这两个阶段之后，此阶段的民办高等教育政策步入法治化的道路，呈现出有法可依的特征。

① 杨秀英，甘国华. 民办高等学校办学行为博弈分析[J]. 教育学术月刊，2009（1）：57.
② 杨秀英，甘国华. 民办高等学校办学行为博弈分析[J]. 教育学术月刊，2009（1）：58.

一、平衡政策决策主体与执行主体之间的利益矛盾

"认识活动和实践活动都是主体和客体之间相互作用而发生和展开的过程，都是人自觉能动的活动，所以认识活动和实践活动都是主体行为。因为实践是认识得以获取的源泉，认识是实践的依据，所以，认识主体与实践主体应当是统一的。"[①] 民办高等教育政策的决策主体主要包括中共中央、国务院、教育部及一些立法机关和行政机关。它们通过感知和处理政策信息，分析和界定政策问题，从而拟订和选择相应的政策方案。而民办高等教育政策的执行主体主要指向民办高等教育机构。它们将民办高等教育政策方案付诸教育教学实践以期解决民办高等教育政策的问题。自民办高等教育政策萌芽之时，政策的决策主体和执行主体就在其政策过程中发挥着各自的主体能动性，因其各自能动性发挥的程度不一样，表现出不同的政策内容和形式。当民办高等教育在规模不断迅速扩大和办学"违规"现象频发的情况下，民办高等教育政策决策主体与执行主体意识到，只有两大主体的统一，让主体的功能真正发挥出来，才能有助于形成科学合理的政策体系。此阶段，民办高等教育政策内容中所涉及的"合理回报"、产权和办学行为规范的具体措施规定反映出对政策决策主体与执行主体之间利益矛盾的一种平衡。这也是此阶段政策内容与前两个阶段政策内容存在较大差异的原因之一。其政策对于"合理回报"、产权和办学管理的具体措施主要基于民办高校的利益考虑，也就是该政策的执行主体的利益需求，从而增强了此阶段政策在实践中的合理性与有效性，促进了民办高等教育的有序发展。

二、加强政策内容的可行性与针对性

教育部统计数据显示，截至 2017 年，我国共有 746 所提供本科或高职（专科）教育的民办高校，约占全国 2631 所高校的 28.4%，其中 426 所普通民办本科高校（非成人高校），占全国 1243 所普通本科高校（非成人高校）的 34.3%；约 402 万学生就读于民办本科高校，占 1648 万本科在校生的 24.4%[②]。根据预测，"到 2020 年，多种模式的民办高等学校及其学生，可能达到高等教育总数的三分之二左右；将有若干所民办高校，成为各自定位的一流院校。而这样的发展态势前提条件是：抓住机遇、自强不息、社会支持、政策到位"[③]。无疑，曲折的民办高等教育的发展历程充分表明：政策是民办高等教育发展的最大资源。但是，在过去提倡"加强管理"方针的阶段，民办高等教育政策多为宣言性的，匮乏程序性的规范，多为一般行为准则的总结，具体表现在频繁使用"原则上""应该"等具有较大伸缩性的语言上，回避或模糊与"营利""产权"等相关的核心问题，这就造成了很长一段时期内民办高等教育政策内容与政策实践之间的脱节，政策内容中的观念无法在现实中执行，导致政策目标的偏离。直到 2002 年《民办教育促进法》正式提出"依法管理"的政策方针，政府认识到有效的政策供给所借助的

---

① 褚宏启. 教育政策学[M]. 北京：北京师范大学出版社，2011：89.
② 孙沔睿. 民办高等教育的国家政策姿态：计划、市场与分化[J]. 浙江树人大学学报，2012（4）：27.
③ 潘懋元，林莉. 2020：中国民办高等教育的前瞻[J]. 浙江树人大学学报，2005（3）：1.

必须依靠具有可行性和针对性的政策内容来实现。此阶段的民办高等教育政策决策主体改变以往政策内容滞后和受制于政策实践的模式，加强政策内容在政策实践中的可操作性与针对性。《民办教育促进法》作为首部民办教育的专门法律，对民办高等教育管制各方的权利与义务做出了明确规定。此外，《民办教育促进法实施条例》《民办高等学校办学管理若干规定》《关于规范并加强普通高校以新的机制和模式试办独立学院管理的若干意见》《关于取消高等教育学历文凭考试的通知》《民间非营利组织会计制度》《民办教育收费管理暂行办法》《独立学院设置与管理办法》先后颁布实施，对民办高等教育的举办者、教育机构、教师及学生多方的合法权益做出了具体详细的规定。

三、重视政策过程的系统性与规范性

教育政策过程是教育政策主体为了应对教育发展环境的挑战以及自身维持和发展的需要，借助公权力和公共资源，通过一定的方式作用于教育政策客体的过程。[①] 民办高等教育政策作为公共政策的一部分，其政策系统应该包含"教育政策主体、教育政策客体和教育环境"这三大要素。按照政策主体在政策过程中发挥的不同功能，该政策系统的政策主体可以分为决策主体、执行主体、监控主体、评估主体[②]。这些主体在政策发展的不同阶段直接或间接地参与到民办高等教育政策制定与实施的过程中，通过政治互动，对政策发挥着作用。但是，从改革开放至今的民办高等教育政策发展历程来看，虽然政策执行主体的影响与作用逐渐受到重视，但是政策决策主体占据绝对的主导地位是毋庸置疑的。政策决策主体的功能主要是"感知、处理政策信息，拟订、选择教育政策方案"[③]，而其他政策主体的功能未能正常有效地发挥出来，这势必导致民办高等教育政策系统的不完善。政策系统不完善的原因还包括政策系统中的客体和环境的因素。"教育政策客体有对象客体和中介客体之别，对象客体是指教育政策的目标和适用范围，回答对谁或对什么事物产生影响的问题，而中介客体实际就是教育政策本身。"[④] 民办高等教育政策的客体，也可理解为民办高等教育政策的对象，它不仅包括民办高等教育活动中的人或利益团体，而且包括民办高等教育政策问题。然而在民办高等教育政策发展的过程中，常常出现政策内容滞后于政策实践、政策失真、政策执行效率差等问题，导致这一系列问题的原因之一便是对政策问题界定的不清楚和政策目标群体的不明确，即对政策客体的不重视。此外，民办高等教育的政策环境呈现出多层次与多方面的特征，而且随着时代的变化不断地直接影响着政策系统的运行态势。环境因素的稳定性与政策系统的稳定发展是直接相关的。然而，民办高等教育政策系统往往被动地受制于政策环境，没有主动地去适应政策环境的变化，这也导致政策制定不合理、政策执行不到位等问题，限制了民办高等教育的发展空间。在这样的背景下，此阶段的民办高等教育政策发现自身在系统化建设上的缺失问题，重视政策系统这一动态过程的目的性与整体性，使民办高等教育政策系统有调节地、有目的地、有序地、整体地运行。

---

① 范国睿. 教育政策的理论与实践[M]. 上海：上海教育出版社，2011：47.

② 严强，王强. 公共政策学[M]. 南京：南京大学出版社，2002：101-107.

③ 褚宏启. 教育政策学[M]. 北京：北京师范大学出版社，2011：90.

④ 孙绵涛. 教育政策论：具有中国特色的社会主义教育政策研究[M]. 武汉：华中师范大学出版社，2002：39.

第四节　主要政策影响

　　20 世纪 90 年代末的高等教育体制改革和高校扩招政策的实施无疑给民办高等教育注入了新的活力。在多年积累的办学实力和办学经验的基础上，此阶段的民办高等教育已经具有一定的规模，在一定程度上与公办高等教育形成了竞争，这就对民办高等教育政策提出了强烈的诉求，具有目的性与整体性的一个动态的政策系统才能有效地解决民办高等教育政策问题。因此，此阶段的民办高等教育政策产生了显著的效果，真正赋予了民办高等教育新的生命力。

一、出现新的合法性诉求

　　"民办高等教育的发展史就是一个高等教育不断寻求其合法性来源的历史。"[①] 此阶段的民办高等教育在国家政策层面的确得到了支持与认可，尤其是 2002 年《民办教育促进法》的颁布，但是其发展险象环生，诸如办学质量不高、生源短缺、经费困难、管理混乱等，这些现象如影随形地伴随民办高等教育的发展过程。而这些现象与其存在的合法性有着紧密的关系。"任何新制度都不是凭空产生的，总是在旧制度出现重大危机时，作为原有制度的代替品或者修补品出现。"[②] 我国民办高等教育正是以"修补品"的形态出现在高等教育制度中的，而且借助于原有的高等教育制度寻找到其早期的合法性基础。"一种制度的变迁与建构都需要合法性，而这种合法性并非是自然形成的，它在很大程度上是自觉努力的结果。"[③] 改革开放初期，由于高等教育资源的严重缺乏，出现供不应求和供需错位等问题，以及高考制度的恢复和高等教育自学考试制度的建立，这就使"国家办学的补充"成为认同民办高等教育合法性地位所形成的早期民办高等教育政策。如潘懋元教授所提出的民办高等教育对其合法性地位的诉求从"纳入国家体系"到"重要组成部分"再到"教育体制的变革"，这在政策中也得到了体现。如 1982 年《宪法》第十九条规定"国家鼓励集体经济组织、国家企业事业组织和其他社会力量依照法律规定举办各种教育事业"；1997 年《社会力量办学条例》第三条指出"社会力量办学事业是社会主义教育事业的组成部分。各级人民政府应当加强对社会力量办学工作的领导，将社会力量办学事业纳入国民经济和社会发展规划"；2002 年《民办教育促进法》第三条强调和重申"民办教育事业属于公益性事业，是社会主义教育事业的组成部分"，"各级人民政府应当将民办教育事业纳入国民经济和社会发展规划"。这些政策不断发展完善可以说明，从政策层面，民办高等教育存在的合法性诉求在不断加强并得到了实现。然而，进入 21 世纪，民办高等教育新的合法性诉求出现，即民办高等教育机构的营利与非营利问题。2002 年的《民办教育促进法》对此做出了回应，以"合理回报"既肯定教育的公益性，也不否认其营利性，保证了与《宪法》中"不营利"内容的

---

① 文雯. 1976 年以后我国民办高等教育的合法性变迁[J]. 教育研究与实验，2005（3）：42.
② 同①.
③ 文雯. 1976 年以后我国民办高等教育的合法性变迁[J]. 教育研究与实验，2005（3）：41.

不冲突，这让此阶段的合法性诉求得到了认可。然而，与此同时，民办高等教育进入新的困境。高等教育大众化历程的开启导致了民办高等教育机构的生源因高考分数线的不断降低，公办高等教育机构招生人数的不断扩大而减少，原本以公办高校落榜生为主要生源的民办高校立刻陷入生存危机。因此，此阶段政策的主要影响之一就是赋予了民办高等教育新的合法性，但是其新的合法性危机也产生。

二、初步建立民办高等教育政策体系

广义而言，教育政策包括教育法规。"根据法规的层次和效力，《中华人民共和国立法法》将我国的法规依次分为宪法、法律、行政法规、地方性法规、自治条例和单行条例、规章（包括部门规章和政府规章）6 个层次，每个层次的法规对教育都有所涉及。除了教育法规之外，教育政策还包括各级政治机关出台的规范各级学校办学行为的教育规划、通知、（部长）令、意见等文件。"[①] 我国民办高等教育政策发展至今，先后经历了政策的初步介入到政策的推进发展，终于在此阶段初步建立了民办高等教育政策体系框架。相较而言，在国外私立高等教育发展成熟的国家或地区，私立高等教育立法一直是一项被重视的内容，均建立了较为完善的私立高等教育政策体系。而由于我国民办高等教育发展历史较短，加之国家对其的态度一直处于原则性鼓励和实际性限制的状态，且政策意识淡薄，民办高等教育发展近 30 年才初步建立相关的政策体系。当各项关于民办高等教育的政策陆续出台后，该政策体系框架才基本形成，主要包括以下 4 个基本组成部分。其一是党的全国代表大会对发展民办教育的表述。主要有：党的十三大报告（1987 年）提出"继续鼓励社会各方面力量集资办学"；党的十四大报告（1992 年）提出"鼓励社会力量办学"；党的十七大报告（2007 年）提出"鼓励和规范社会力量兴办教育"。其二是《宪法》（1982 年发布）、《教育法》（1995 年发布）、《高等教育法》（1998年发布）等关于教育发展的重要法律对民办高等教育发展做出的重要规定。其三是《民办高等学校设置暂行规定》（1993 年发布）、《社会力量办学条例》（1997 年发布）、《民办教育促进法》（2002 年发布）、《民办教育促进法实施条例》（2004 年发布）、《国务院办公厅关于加强民办高校规范管理引导民办高等教育健康发展的通知》（2006 年发布）、《民办高等学校办学管理若干规定》（2007 年发布）等相关法规、规章直接规范民办高等教育发展的政策。其四是国家财政、人事、金融、税务、民政等多部门出台的部门规章，也影响到民办高等教育的发展，成为该政策体系中的组成部分，如《教育类民办非企业单位登记办法》《民间非营利组织会计制度》《民办教育收费管理暂行办法》。虽然目前这一政策体系中有些领域仍然较为模糊甚至缺失，但是我们应看到，正是在这样的民办高等教育政策体系框架下，党和政府才能不断积极探索，尽快出台和修订政策内容，明晰各方的责、权、利，增强政策法规的目的性与可行性，使民办高等教育的发展有法可依、有章可循。

我国民办高等教育政策体系框架如图 4-1 所示。

---

① 徐绪卿，王一涛. 论我国民办高等教育政策从"规范"向"扶持"的转型[J]. 高等教育研究，2013（8）：42-43.

```
第一层面 ──→ 涉及民办高等教育发展宏观规定的党的全国代表大会报告：
              ① 党的十三大报告（1987年）——继续鼓励社会各方面力量集资办学
              ② 党的十四大报告（1992年）——鼓励社会力量办学
              ③ 党的十七大报告（2007年）——鼓励和规范社会力量兴办教育

第二层面 ──→ 涉及民办高等教育发展重要规定的三大主要法律：
              ① 《宪法》（1982年发布）
              ② 《教育法》（1995年发布）
              ③ 《高等教育法》（1998年发布）

第三层面 ──→ 具体规范民办高等教育发展的主要政策文本：
              ① 《民办高等学校设置暂行规定》（1993年发布）
              ② 《社会力量办学条例》（1997年发布）
              ③ 《民办教育促进法》（2002年发布）
              ④ 《民办教育促进法实施条例》（2004年发布）
              ⑤ 《国务院办公厅关于加强民办高校规范管理引导民办高等教育
                 健康发展的通知》（2006年发布）
              ⑥ 《民办高等学校办学管理若干规定》（2007年发布）

第四层面 ──→ 国家财政、人事、金融、税务、民政等多部门出台的与民办高等教育
              相关的规章制度：《教育类民办非企业单位登记办法》《民间非
              营利组织会计制度》《民办教育收费管理暂行办法》等
```

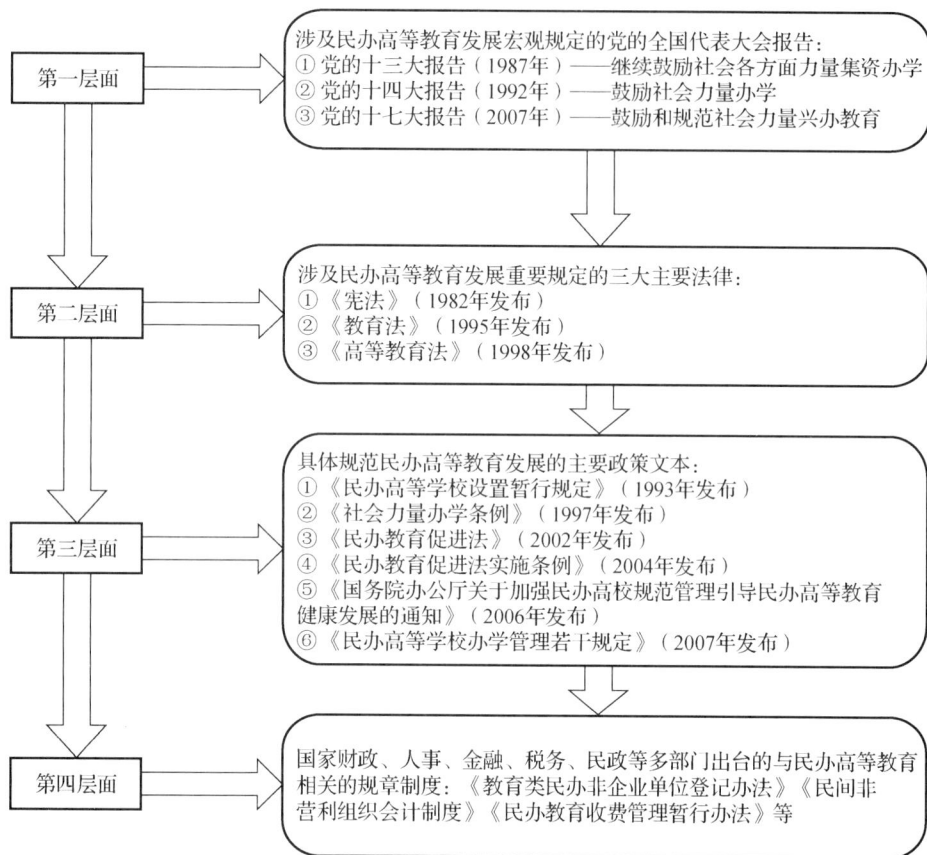

图 4-1　我国民办高等教育政策体系框架

三、促进民办高等教育办学行为的规范管理

不以规矩，不能成方圆。作为一种行动的准则，民办高等教育政策对民办高等教育机构的办学行为进行着规范。"由于民办高等教育私人投入资本的逐利性与教育公益性的矛盾，民办高等教育在发展过程中一直伴随着理性办学与违规办学的博弈，政府的规制也在不断地随之调整。"[①] "民办教育事业属于公益性事业"和对民办教育事业进行"依法管理"，这就要求民办高等教育机构要坚持教育公益性的原则，遵守教育规律和国家教育法律法规开展办学活动。20 世纪 90 年代，社会主义市场经济快速发展过程中引入了竞争机制，而在激烈的竞争之中，市场经济在运行中有可能会产生的自发性、盲目性与滞后性逐渐体现出来。在市场经济体制背景下，民办高等教育和市场经济主体一样，也容易诱发市场经济的消极作用。在激烈的竞争中和利益的驱动下，民办高等教育领域频频曝出"违规"问题，主要是办学资格、办学条件、学历文凭、招生许可、非法牟利等。这就需要国家加强宏观调控，而国家的宏观调控必须依靠法律手段来实现。因此，

---

① 杨秀英，甘国华. 民办高等学校办学行为博弈分析[J]. 教育学术月刊，2009（1）：56.

此阶段对民办高等教育发展带有明显限制与干预的政策陆续出台，不断规范着我国民办高等教育的办学行为，避免民办高等教育市场的无序与混乱，促使其健康高效地发展。此阶段对规范民办高等教育办学行为影响和作用最突出的有 3 项政策法规，分别是《民办教育促进法》《民办教育促进法实施条例》《民办高等学校办学管理若干规定》，尤其是"依法管理"方针的提出和落实该方针的具体措施，直接影响到管理的规范化程度。如《民办高等学校办学管理若干规定》对民办高等学校提出"资产过户"的要求，不能按时进行资产过户的民办高校将受到减少招生等处罚，这项规定对民办高校的资金运作和资产管理进行了规范，在很大程度上解决了民办高校产权虚置问题，从而维护了民办高校的办学秩序。也正是这些政策的规定与约束，民办高等教育规范化管理的道路才得以顺畅，民办高等教育才能在日益激烈的竞争环境中与公办高等教育共同发展。

第五章　迈向治理：民办高等教育政策的调适与深化（2010年至今）

进入 21 世纪，随着教育与政治、经济、社会、文化等方面关系的变化，尤其经济增长的重要作用的日益突出，教育政策在国家政策体系中的地位也不断发生变化。在世界格局发生深刻变化的背景下，提高国民素质和培养创新人才的重要性与紧迫性日益凸显。教育是民族振兴、国力强盛的基石，也是提高国民素质和培养创新人才的重要途径。对高等教育而言，其承担的任务更为重要，包含了高级专门人才的培养、科学技术文化的进步及现代化建设的实现。民办教育则逐渐发展成为我国教育事业发展的重要增长点和教育改革得以推进的重要力量，成为满足人民群众多层次、多样化的教育需求的重要途径。

基于此，国家陆续制定和颁布了一系列民办高等教育政策性文件。2010 年制定了《国家中长期教育改革和发展规划纲要（2010—2020 年）》，对我国高等教育的改革发展做出了精心规划和科学部署，并设立了若干重大项目和改革试点，这为我国民办高等教育的发展提供了良好的机遇。鉴于此，本书将其作为民办高等教育政策变迁的一个重要转折点，并认为从 2010 年至今，民办高等教育政策的内容得到进一步调适，政策的影响程度进一步深化，并在整体上呈现出迈向治理的显著特征。

第一节　调适与深化阶段的政策环境

"据估计，到 2025 年，世界高等教育的总规模可能达到 2.6 亿人，与目前的 1.5 亿人相比，增加 1.1 亿人，年均增长率为 4.6%。2009 年的世界高等教育大会文件指出，将高等教育入学率从目前的 26% 提高到 40%～50%，将会极大地促进经济增长。在公共资源约束下，私立高等教育的发展也是一个必然趋势。"[①] 在全球私立高等教育规模不断扩张的背景下，经过几十年不懈的努力，民办高等教育对我国高等教育大众化目标的实现发挥了不可估量的作用。此阶段政策的导向着力于政府对民办高等教育的规制，而此规制的内容主要体现为加强民办高等教育机构规范办学，对其实质性的鼓励与激励的内容不多。然而新时期的经济、政治、社会形势，以及民办高等教育发展过程中出现的各种问题与困境使民办高等教育政策必须进行调整与变革，而民办高等教育的多样性与统一性之间必要的张力成为新时期政策的逻辑起点。

---

① 阎凤桥. 私立高等教育的全球扩张及其相关政策：对 2009 年世界高等教育大会报告文本的分析[J]. 教育研究, 2010 (11)：100.

一、经济强国时代的来临

这一阶段虽然面临世界范围的经济危机严重冲击，但是 2009 年我国经济仍取得了令世人瞩目的成绩。我国 GDP "从 2000 年的 99 214.6 亿元增加到 2010 年的 397 983 亿元，11 年间增长了 301.13%，年增长率达到 9.88%"①。这一数据充分表明我国经济发展态势良好，保持较快的发展速度。与此同时，我国的经济机构也在不断优化。改革开放以来，"第一产业比重稳步下降，第二产业保持稳定，第三产业持续上升。三次产业占 GDP 比重由 1978 年的 28.2%、47.9% 和 23.9% 转变为 2010 年的 10.18%、46.86% 和42.96%"②。随着我国进入"后改革时代"，2010 年之后面临的主要问题是"经济发展方式转变滞后和经济结构不合理，改革的性质也变为对生产力构成要素结构的创新，包括观念创新、文化创新、管理创新、知识创新、技术创新、生产流程创新、产品创新、经营模式创新、企业家创新及企业组织创新等"③。2019 年 12 月 10 日至 12 日中央经济工作会议提出我国经济稳中向好、长期向好的基本趋势没有改变。④ "初步核算，2019年我国国内生产总值为 99.0865 万亿元，比上年增长 6.1%；按年平均汇率折算，人均GDP 突破 1 万美元大关，达到 10276 美元。"⑤ 这些数据说明我国作为全球经济强国的时代来临。

二、人力资源开发的战略机遇

正如美国学者西奥多·W. 舒尔茨（Theodore W. Schultz）所说，人类的未来不是预先由空间、能源和耕地所决定，而是要由人类的知识发展来决定⑥。可见人力资源的开发之重。而知识离不开教育，教育则成为人力资源发展的重要途径。2010 年 9 月，我国公布了第一部专门阐述人力资源现状和政策的白皮书——《中国人力资源状况》。白皮书与《国家中长期人才发展规划纲要（2010—2020 年）》和《国家中长期教育改革和发展规划纲要（2010—2020 年）》成为一个体系，多角度地对我国人力资源开发工作的基本立场进行阐述，并清晰地制定了发展人力资源强国的战略规划。正如《国家中长期教育改革和发展规划纲要（2010—2020 年）》中表述的"我国实现了从人口大国向人力资源大国的转变"。而"一个国家的人力资源状况直接关系到社会的发展水平和国家的竞争能力"⑦。因此，只有当前我国人力资源的数量优势提升为质量优势，才能有效地推动社会的发展和增强国际竞争能力。"2001～2020 年，我国经济发展处于起飞的中后期，经济增长模式正在经历一个重大转变，即由同时依赖劳动力数量和质量型转向主要依靠

---

① 白永秀，吴丰华. 中国经济形势总体判断及其宏观走向[J]. 改革，2011（2）：6.

② 白永秀，吴丰华. 中国经济形势总体判断及其宏观走向[J]. 改革，2011（2）：7.

③ 白永秀，吴丰华. 中国经济形势总体判断及其宏观走向[J]. 改革，2011（2）：8.

④ 人民网. 中央经济工作会议在北京举行 习近平李克强作重要讲话[EB/OL].（2019-12-12）[2020-03-16]. http://finance.people.com.cn/n1/2019/1212/c1004-31503693.html.

⑤ 中国日报网. 2019 年我国 GDP 近百万亿元 增长 6.1%[EB/OL].（2020-01-18）[2020-03-16]. https://baijiahao.baidu.com/s?id=1656017526686928592&wfr=spider&for=pc.

⑥ 西奥多·W. 舒尔茨. 论人力资本投资[M]. 吴珠华，等译. 北京：北京经济学院出版社，1990.

⑦ 谢炜. 人力资源强国战略：内涵、挑战及路径选择[J]. 云南社会科学，2011（3）：19.

劳动力质量型。"[1] 人力资源质量的提升得益于经济增长模式的重大转变。近年来，我国进一步重视人力资源开发的系统规划，除了 2010 年先后颁布的《国家中长期人才发展规划纲要（2010—2020 年）》《国家中长期教育改革和发展规划纲要（2010—2020 年）》《中国人力资源状况》，党的十七大报告将"优先发展教育，建设人力资源强国"作为社会建设的六大任务之首，可见党和国家对人力资源强国战略的重视程度。

改革开放以来，我国对于人力资源开发一直贯彻"尊重劳动、尊重知识、尊重人才、尊重创造"的原则，人力资源状况得到了较大改观。"2019 年年末，全国 0～15 岁人口为 24 977 万人，占总人口的 17.8%；16～59 岁人口为 89 640 万人，占 64.0%；60 岁及以上人口为 25 388 万人，占 18.1%，其中，65 岁及以上人口为 17 603 万人，占 12.6%。与 2018 年年末相比，16～59 岁劳动年龄人口减少 89 万人，比重下降 0.28 个百分点；老年人口比重持续上升，其中，60 岁及以上人口增加 439 万人，比重上升 0.25 个百分点；65 岁及以上人口增加 945 万人，比重上升 0.64 个百分点。"[2] 2010 年至今，我国人口资源结构性矛盾日益突出，主要表现为 3 个方面。其一是年龄结构失衡，老龄化趋势明显。"2020 年之后，'人口红利'将逐步变为'人口负债'。我国总人口还将保持七八年左右的增长，将在 2026 年左右达到高峰。同时，我国劳动年龄人口总量和占比均将出现持续下降，老年人口及其占总人口的比例双双保持上升态势。"[3] 其二是学历结构失衡。"当前我国流动人口约占 1.5 亿，其中绝大部分是农民工，文盲或半文盲约占 14.61%；小学程度占 28.81%；初中程度占 49.69%；高中程度占 6.05%；中专、大专及以上程度约占 0.84%，这一庞大群体的技能素质有待获得持续性培训。"[4] 其三是区域和产业分布失衡。我国人力资源在地域上的分布存在"城市多、农村少；东部沿海发达地区多，中西部落后地区少"[5]的特点。而"在就业人员产业布局方面，2009 年，我国第一、二、三产业就业人员的比例为 38.1∶27.8∶34.1，第二、三产业就业人员的比重有待提升"[6]。

伴随我国经济发展的良好态势，日渐完善的社会主义市场经济体系为我国教育和人力资源开发建立了更为良好的制度环境。在市场机制的作用下，不仅教育资源的利用效率能够得到提高，更多的社会资金会被吸引到教育投资和人力资本开发上来，而且人力资本开发的有效性和教育对市场经济的适应性均可增强。同时，在这样的知识经济全球化的时代，知识创新对经济增长起到的作用将是不可估量的。未来经济和科技的发展必须依靠更多的具有实用性技术和创新能力的人才。此外，"20 世纪 90 年代至今中国城市化经历加速发展阶段。近年来，我国城镇化率持续增长，推动农村人口涌向城市，农村居住人口和农业从业人员大幅下降。中国城市化率从 1990 年的 26.44%持续上升到 2019

① 中国教育与人力资源问题报告课题组. 从人口大国迈向人力资源强国[J]. 高等教育研究，2003（3）：3.

② 中商情报网.2019 年全国人口大数据：人口总量突破 14 亿 老年人口占比达 18.1%[EB/OL].(2019-01-27)[2020-03-16]. https://baijiahao.baidu.com/s?id=1656853833372906388&wfr=spider&for=pc.

③ 新浪财经.专家：2020 年我国人口红利将变人口负债[EB/OL].(2018-04-10)[2020-03-10]. http://finance.sina.com.cn/roll/2018-04-10/doc-ifyteqtq7484873.shtml.

④ 谢炜. 人力资源强国战略：内涵、挑战及路径选择[J]. 云南社会科学，2011（3）：21.

⑤ 同④.

⑥ 同④.

年的 60.60%。未来几年中国城镇化率将持续增长，城镇化的速度将继续平稳下降，预计到 2035 年，中国城镇化比例将达到 70%以上。2019 年我国城镇常住人口 84 843 万人，比上年末增加 1706 万人；乡村常住人口 55 162 万人，减少 1239 万人"①。实现农村人口与城镇人口同等的受教育水平将是我国未来人力资源建设的一项重要任务。显然，这些都为人力资源强国战略的实施提供了良好的条件。

三、依法治国与依法治教

1996 年 2 月，王家福教授做了《关于依法治国，建设社会主义法治国家的理论和实践问题》的专题报告。随后江泽民首次正式确认依法治国的理念。1996 年 3 月，《中华人民共和国国民经济和社会发展"九五"计划和 2010 年远景目标纲要》以具有法律效力的文件形式对依法治国、建设社会主义法治国家进行确认。而依法治国方略是在 1997 年党的十五大上正式确立的，并明确指出我国政治发展的目标是建设社会主义法治国家，将"法制"改为了"法治"。江泽民在党的十五大报告中提出："依法治国，就是广大人民群众在党的领导下，依照宪法和法律规定，通过各种途径和形式管理国家事务，管理经济文化事业，管理社会事务，保证国家各项工作都依法进行，逐步实现社会主义民主的制度化、法律化，使这种制度和法律不因领导人的改变而改变，不因领导人看法和注意力的改变而改变。依法治国，是党领导人民治理国家的基本方略，是发展社会主义市场经济的客观需要，是社会文明进步的重要标志，是国家长治久安的重要保障。"② 1999 年 3 月，九届全国人大二次会议将"中华人民共和国实行依法治国，建设社会主义法治国家"载入宪法，使依法治国成为一项宪法基本原则。2014 年 10 月，党的十八届四中全会再次聚焦依法治国。这是改革开放以来历次党的全会中以"依法治国"作为主题的第一次。会议提出，"依法治国，是坚持和发展中国特色社会主义的本质要求和重要保障，是实现国家治理体系和治理能力现代化的必然要求，事关我们党执政兴国，事关人民幸福安康，事关党和国家长治久安。全面建成小康社会、实现中华民族伟大复兴的中国梦，全面深化改革、完善和发展中国特色社会主义制度，提高党的执政能力和执政水平，必须全面推进依法治国"③。因此，依法治国的执政基本方略不仅为我国政治体制改革指明了方向，而且为教育管理体制改革明确了基本方向，从而引导我国高等教育管理逐步走向法治化的道路，实现高等教育的依法治教。在坚持依法治教的新时期，新的任务和新的发展趋势日益突出，主要表现在 3 个方面。一是进一步完善教育法律体系，即顺法律体系逻辑，更新法律内容，加强法律实施。教育法律与宪法等法律之间应尽快协调统一，避免冲突和缺失。随着社会环境的变化，各种形式的法律中不合理的内容应尽快修订调整，减少不必要的办学失范行为。教育法律的实施应充分体现民主化、规范化与科学化，避免措施的不得力而导致的法律纠纷和不良影响。二是进一步提高教育

① 中华经情报网. 2019 年中国人口总量及人口结构，城镇化率和老龄化实现"双增长"[EB/OL].（2019-01-20）[2020-03-15]. https://baijiahao.baidu.com/s?id=1656119076785202941&wfr=spider&for=pc.

② 江泽民. 高举邓小平理论伟大旗帜，把建设有中国特色社会主义事业全面推向二十一世纪：在中国共产党第十五次全国代表大会上的报告[EB/OL].（2007-08-29）[2018-11-18]. http://www.gov.cn/test/2007-08/29/content_730614.htm.

③ 中共中央. 关于全面推进依法治国若干重大问题的决定[EB/OL].（2014-10-29）[2018-11-18].http://cpc.people.com.cn/n/2014/1029/c64387-25927606.html.

立法技术，即确保法律的整体性、可操作性和科学性。教育法律的发展趋势表现在：在横纵多维度达到和谐统一、相互衔接，避免重复立法和孤立无据；减少空泛的教育行为规范语言，加强定量性的规范，避免因法律模糊性而产生的管理缺位现象；加强立法主体的多元化建设，对法律的利益相关群体进行广泛的调查研究，增强法律的实践基础。三是进一步发展教育法律学科，即加强教育法律理论的研究、教育法律的学科建设、教育法律的宣传力度。

四、私立高等教育的全球化扩张

2009 年 7 月，第二届世界高等教育大会在法国巴黎召开。私立高等教育成为本次大会的一项重要议题。而联合国教科文组织发表题为《为满足社会变革和发展需要，高等教育和研究的新动力机制》的联合公报中则强调，"知识型社会要求高等教育系统具有多样化的特征，不同的学校履行不同的使命，满足不同学习者的需求。除了公立学校之外，追求公共目标的私立高等教育将扮演重要的角色"[①]。对于私立高等教育的论述，1998 年第一届世界高等教育大会与此次大会表现出明显的不同。在第一届世界高等教育大会，《面向 21 世纪高等教育世界宣言》提出"更加多样化的高等教育系统，需要新型的学校形式：公立、私立和非营利以及其他类型"[②]。而第二届世界高等教育大会除了联合公报之外，还有 3 份工作报告，即《新动力：私立高等教育》《国际高等教育发展趋势：学术革命的轨迹》《高等教育的公共责任》，它们都涉及私立高等教育发展状况的内容。对于此次大会将私立高等教育作为主要议题的重要原因，正是这两次大会相隔的10 年间，私立高等教育规模在全球范围的不断扩张。大会报告数据显示，"2006 年，世界接受高等教育的总人数超过了 1.5 亿；2007 年，世界高等教育平均入学率为 26%；2009年与 1999 年相比，世界高等教育在校生规模增长了 53%"[③]。而且，"高等教育规模增大主要发生在私立高等教育系统，目前约有 30% 的学生在私立高校学习"[④]。一般而言，多数发达国家高等教育大众化和普及化的目标，主要是通过扩大公立高等教育规模实现的。相反，多数发展中国家具有比较庞大的私立高等教育系统，主要依靠扩大私立高等教育规模来实现高等教育大众化的目标。我国作为发展中国家，规模迅速扩张后的民办高等教育在高等教育大众化的过程中发挥了重要作用，其扩张的主要原因是公立高等教育系统无法满足日益增长的高等教育需求。源于此，我国民办高等教育虽然也具有多样性的特征，但主要表现为需求吸纳型[⑤]，满足高等教育需求，瞄准市场缝隙，以就业为导向，致力于培养实用型专门人才。

私立高等教育能在全球迅速扩张，其原因主要有 3 点：一是全民教育运动的开展。

---

① UNESCO. 2009 World conference on higher education: the new dynamics of higher education and research for societal change and development[R]. Draft Final Communique, 2009.

② UNESCO. World declaration on higher education for the Twenty-First Century: vision and action and framework for priority action for change and development in higher education[R]. World Conference on Higher Education, 1998.

③ 同①。

④ PHILIP G A, LIZ R, LAVRA R. Trends in global higher education: tracking an academic revolution [R]. A Report Prepared for the UNESCO 2009 World Conference on Higher Education, 2009.

⑤ 根据学校的质量、特点及属性等因素，利维教授将私立高等教育划分为四种主要形式：精英/准精英型、宗教/文化型、非精英/需求吸纳型、营利型。

这无疑直接迅速增加了对高等教育的大量需求。同时又存在教育需求与教育资源匮乏之间的矛盾。二是政府职能的转变。受自由主义的经济政策影响，政府的作用被弱化，而市场机制的调节作用不断强化，并运用到高等教育领域。三是经济全球化将高等教育纳入了 WTO 服务贸易框架。然而，在私立高等教育规模迅速扩大的进程中，多数国家，包括我国，并未确立长远的战略规划。由于私立高等教育所兼具的教育公益性与营利性的特征，具有明显的优势和不足：一方面，它积极应对市场需求，迅速扩张规模以满足教育的需求；另一方面，它主要依靠非政府财政性经费运作，教育质量令人担忧。因此，如何有效地制定和实施符合私立高等教育发展特征的政策成为世界各国关注的重要议题。

第二节　调适与深化阶段的主要政策

一、主要政策文本

调适与深化阶段民办高等教育领域相关的主要政策文本共有 3 项，其中纲要 1 项、通知 1 项、意见 1 项。按照政策颁布和实施的时间先后顺序，分别是《国家中长期教育改革和发展规划纲要（2010—2020 年）》（2010 年发布）、《教育部关于转发〈重庆市人民政府关于促进民办教育发展的意见〉的通知》（2010 年发布）、《教育部关于鼓励和引导民间资金进入教育领域促进民办教育健康发展的实施意见》（2012 年发布）。

二、主要政策内容

在全球化和区域化不断深化的背景下，伴随政治、经济、文化等多方面格局的变化，依法治教是我国民办高等教育事业发展的一个必然选择。这就意味着不仅要继续修订和完善现有政策体系，而且要在充满挑战与机遇的未来发展战略中强调依法治教的基本方略。因此，自 2010 年开始，民办高等教育政策除了延续拓展与延伸阶段对于民办高等教育的地位和依法管理方针的重点关注，也将政策的范围深入延伸到依法治教，而且将教育质量的提升纳入政策的主要内容，这将使民办高等教育政策更加系统与科学。长期以来，民办高等教育一直在政府的限制中生存与发展，政府制定的民办高等教育政策在民办高等教育改革与发展实践中发挥了主要的导向和调控作用。换言之，政府对民办高等教育的宏观管理主要通过颁布实施的各项政策来进行。因而，民办高等教育政策的内容是研究政府对民办高等教育管理的重要依据。自 2010 年《国家中长期教育改革和发展规划纲要（2010—2020 年）》颁布以来，我国在民办高等教育政策方面更为注重其实践逻辑，重点关注治理理论在民办高等教育管理中的运用，将政策的重心放在政策实施及其有效性方面。

（一）重新界定民办高等教育的地位

自 1982 年《宪法》赋予社会力量办学的合法地位以来，民办高等教育的地位与作用一直是其政策的核心内容，其地位由国家办学的补充转变为教育事业发展的重要增长点和促进教育改革的重要力量。这一转变在 2010 年的《国家中长期教育改革和发展规划纲要（2010—2020 年）》中得以确认，其第四十三条进一步提出"各级政府要把发展民办教育作为重要工作职责，鼓励出资、捐资办学，促进社会力量以独立举办、共同举办等多种形式兴办教育"。民办高等教育地位的变化实质上是政策部门对民办高等教育的一种社会认同的变化。回顾改革开放几十年来的历程，政策部门对民办高等教育的社会认同虽然几经波折，但是总体上呈现上升的状态。"1984 年第一所国家承认学历的民办高校海淀走读大学正式成立，从而也标志着民办高等教育市场准入和学历文凭的诉求得到了政策部门的许可。"[1] 1987 年的《关于社会力量办学的若干暂行规定》第三条首次明确提出"社会力量办学是我国教育事业的组成部分，是国家办学的补充"。1994 年 6 月 17 日，李岚清在全国教育工作会议上的总结讲话中指出：民办教育是我国社会主义事业的重要组成部分，发展民办教育，是当前教育体制改革的重要内容。国家对这项事业采取积极鼓励、大力支持、正确引导、加强管理的方针。[2] 虽然 1997 年的《社会力量办学条例》第五条规定"国家严格控制社会力量举办高等教育机构"，但是 1998 年的《高等教育法》第六条就明确规定"国家鼓励企业事业组织、社会团体及其他社会组织和公民等社会力量依法举办高等学校，参与和支持高等教育事业的改革和发展"。相隔 4 年之后，2002 年的《民办教育促进法》更是充分体现了政策部门对民办高等教育的社会认同。因此，伴随政策部门对民办高等教育社会认同度的不断提升，我国民办高等教育事业得到了快速的发展。

（二）落实与细化"依法管理"方针

改革开放以来，以《宪法》为基本法的民办教育政策体系对我国民办高等教育发展进行着必要的规范，政府也按照政策相关规定对民办高等教育机构办学进行适度的规范，以保证正确的办学方向，保持办学质量和办学水平，保障民办高等教育机构教职工和学生的合法权益。2010 年，结合民办高等教育改革与发展的具体形势和特征，《国家中长期教育改革和发展规划纲要（2010—2020 年）》进一步明确了依法管理民办高等教育的具体要求，主要表现在以下 3 个方面。

第一，明确了加强政府治理责任的要求。这些要求主要包括加强民办高等教育的统筹规划与顶层设计，积极探索民办高等教育营利性与非营利性的分类管理，规范民办高校的法人登记制度，完善督导专员制度，依法明确民办高等教育机构变更、退出机制，加强教育部门或第三方的评估机构对民办高等教育的办学评估。特别是对开展营利性和非营利性民办教育机构的分类管理的明确提出，将一直以来困扰民办高等教育发展的营利性与非营利性之间的矛盾给予正面解释，在教育的公益性与民办高等教育的营利性之间找寻一种平衡，这就减少了办学过程中的模糊性与随意性带来的违规现象。

第二，提出要完善法人治理结构。这就进一步要求民办高等教育机构要依法设立理

① 赵军. 合法性与社会认同——中国民办高等教育的历史变迁[J]. 民办教育研究，2010（3）：16.
② 中国教育新闻网. 李岚清在全国教育工作会议上的总结讲话(摘要)[EB/OL].（2006-04-07）[2020-03-16]. http://www.jyb.cn/info/jyzck/200604/t20060407_14986.html.

事会或董事会作为决策机构，完善其议事规则，依法履行其职权，民办高等教育机构的举办者和出资人通过这一决策机构参与对学校的治理。此外，进一步确定了民办高校的校长职权范围，健全民办高校的党组织和教职工代表大会制度，逐步推进监事制度。

第三，提出要依法建立民办学校财务、会计和资产管理制度。这一要求有利于民办高校法人财产权的切实落实，是对民办高等教育产权问题的继续关注，避免办学资金流失导致的办学质量下降，甚至出现办学危机，也有利于办学资金的有效投入，使未来的民办高等学校在教育市场中能够依法规范地办学。因此，此阶段"依法管理"政策目标的合理性与目的性使政策的引导功能有效地发挥作用，无疑有利于办学行为的规范，将民办高等教育顺利地引向法治化建设的道路，从而实现教育的规范化与法治化。

（三）重视公共财政的扶持与奖励

党的十四大确立建设社会主义市场经济体制以来，我国政府高度重视民办教育的发展，并采取了一系列有效措施调整、规范和促进民办教育的发展。2010 年，《国家中长期教育改革和发展规划纲要（2010—2020 年）》首次在国家政策性文件中明确提出"健全公共财政对民办教育的扶持政策"，由此掀开了我国民办高等教育发展的新篇章。对民办高等教育而言，虽然公共财政扶持政策首次在政策文本中被明确规定，但其形成的法规基础已经有相当长的时期。1995 年，《教育法》做出了政府扶持民办高等教育发展的原则性规定，其第五十三条提出"企业事业组织、社会团体及其他社会组织和个人依法举办的学校及其他教育机构，办学经费由举办者负责筹措，各级人民政府可以给予适当支持"。在公立高等教育资源严重缺乏的背景下，虽然"适当支持"仅为原则性的规定，但是在政策中能够明确提出已实属不易。这一政策规定为之后的一系列扶持民办高等教育发展的政策法规出台奠定了法规基础。2002 年颁布的《民办教育促进法》第三条规定："民办教育事业属于公益性事业，是社会主义教育事业的组成部分。国家对民办教育实行积极鼓励、大力支持、正确引导、依法管理的方针。各级人民政府应当将民办教育事业纳入国民经济和社会发展规划。"从该项政策内容可以看出，民办教育的性质得到了权威性的回答，且国家发展民办教育的基本方针也更加明确。除此之外，《民办教育促进法》还专章设"扶持与奖励"政策，详细规定了落实的具体措施，开创了政府购买民办学校教育服务的新公共治理模式。而现代政府职能及公共治理方式的转变充分体现在这种民办教育服务由政府购买的方式中。这样，对民办高等教育事业来说，政府不但是其发展的规范和监控主体，而且是重要的参与主体。这样的立法理念给公共财政扶持民办高等教育提供了法律依据。继而，《民办教育促进法实施条例》在 2004 年制定实施，主要是对《民办教育促进法》的一些规定进行了必要的细化说明，使《民办教育促进法》在政策实践中更具有操作性。与《民办教育促进法》的"扶持与奖励"专章保持一致，《民办教育促进法实施条例》也用专章对落实扶持与奖励的政策进行详细规定，其中主要包括将税收优惠政策以是否要求取得合理回报为依据进行区分，明确鼓励金融机构运用信贷手段支持发展的地区与贷款用途，设立民办教育发展专项资金及其管理和使用批准程序等。因此，重视公共财政扶持与奖励政策成为此阶段的民办高等教育政策内容的重点之一。然而，虽然《国家中长期教育改革和发展规划纲要（2010—2020 年）》已经做出了明确的规定，但在稳定性、规范性与强制性方面远不如法律，公共财政扶持民办高等教育的有效落实还有待写入法律中。

（四）清除并纠正各类歧视政策

为了清除影响和制约民办高等教育发展的制度障碍，《国家中长期教育改革和发展规划纲要（2010—2020 年）》第四十三条特别指出"清理并纠正对民办学校的各类歧视政策"，将对民办高等教育和民办高校的认识提升到新的水平。最为突出的是，《国家中长期教育改革和发展规划纲要（2010—2020 年）》将民办教育与公办教育共同确定为"公共教育"，故公共财政都要给予扶持与资助。当然在政策执行的过程中，不能否认仍然对民办教育存在歧视和不公平对待。而这类歧视存在显性和隐性之分。显性歧视，如民办高校教师和学生与公办高校教师和学生在待遇上的差异；隐性歧视，如因公办高校历史悠久，对高等教育资源的占有比例远远高过民办高校，制约了民办高校的生存空间。因此，此阶段以《国家中长期教育改革和发展规划纲要（2010—2020 年）》为契机，政府主要从以下 3 个方面对各类歧视民办高等教育的政策着手清除并纠正。

第一，继续贯彻落实《民办教育促进法》及其实施条例。按照《国家中长期教育改革和发展规划纲要（2010—2020 年）》第四十二条的规定，"以政府办学为主体、全社会积极参与、公办教育和民办教育共同发展的格局"应逐步形成。而且这一格局形成的基本前提是要求民办高等教育与公办高等教育共同坚持"教育公益性原则"，以切实体现教育公平，也满足人民群众多层次、多样化的高等教育需求。此外，政府要依法保障民办高校理事会或董事会及校长的职权，依法维护教职工和学生应当享有的合法权利，切实落实扶持与奖励政策，尤其是税收优惠政策，依法监督民办高校资产与财务管理。

第二，切实加强对民办高等教育机构的规范管理与有效监督。《国家中长期教育改革和发展规划纲要（2010—2020 年）》第四十四条明确规定，"教育行政部门要切实加强民办教育的统筹、规划和管理工作"。这是政府切实加强对民办高校的规范管理和有效监督的重要标志。此外，政府要开展对营利性和非营利性民办高校的分类管理试点，实现民办高校督导制度，落实年检制度，保障法人财产权，明确民办高校变更与退出机制，严格监督民办高校的经费运作情况。

第三，完善民办高等教育机构教师管理制度。按照《高等教育法》和《国家中长期教育改革和发展规划纲要（2010—2020 年）》的规定，民办高校教师与公办高校教师具有的同等法律地位和权益应得到保障；民办高校教师社会保险制度应尽快建立和完善；教师资源的合理配置与合理流动应加强；吸引和留住优秀人才的有效举措应制定和完善；人事管理制度应尽快改进；教师考核评价机制应不断健全；教师队伍结构应不断优化。

第三节　主要政策特征

进入 21 世纪，我国中入 WTO，全方位参与国际分工，努力朝着全球经济强国的目标迈进，经济增长势头强劲，政治形势和谐稳定。面对私立高等教育全球扩张的机遇与挑战，我国政府陆续出台多项政策，为民办高等教育的发展营造良好的制度环境。《国家中长期教育改革和发展规划纲要（2010—2020 年）》确认民办高等教育之"教育事业发展的重要增长点和促进教育改革的重要力量"的地位，将"公办高等教育与民办高等教育共同发展的格局"作为这一阶段高等教育事业发展的重要任务。从当前民办高等教育政策的内容、实施过程及效果来看，虽然时间不长，但已初步显现出迈向治理的政策特征，具体体现在 3 个方面，即初步建构政策主体多元化、政策内容注重教育质量和政策过程关注监测与评估。

一、政策主体多元化

与公办高等教育举办者截然不同，尽管由于投资办学的独特性，民办高等教育的举办者并非政府，但是相当长一段时间，民办高等教育在政府的单向和一元的掌控之下。进入 20 世纪 90 年代，民办高等教育政策主体在范围和责任上都发生了显著的变化。"治理理论是适应公民社会管理模式而兴起的理论，以现代经济学和私营企业的治理理论与方法作为自己的理论基础，主张引入工商企业治理方法和竞争机制，实施政府分权、顾客导向、强调责任与绩效。"[①] 受到治理理论的影响，民办高等教育政策的主体范围和责任逐渐拓展，不仅重视政府职能的发挥，而且开始重视社会各种力量在政策运行中的话语权。因此，范围拓展后的民办高等教育政策主体大致包括了决策主体、执行主体、合作主体、评价主体、影子主体这五大类型主体，逐渐形成了政策主体的多元化。

"决策主体主要是指具有政策决策权力的政党和政府。"[②] 在依法治国基本方略的背景下，民办高等教育政策必须经过有权制定法律法规的机构通过法定程序进行制定，从而获得合法的效力。自发轫以来，其决策主体始终包括全国人大及其常委会、国务院、省级人民政府。随着法治化建设的加强和依法治教方针的确立，党和政府逐渐剥离微观管理的职能，而转向"顶层设计"的制定宏观政策的职能。正是由于该决策主体责任的变化，民办高等教育办学自主权中的专业设置、学费等方面获得了一定的自主权。

执行主体是指实施民办高等教育政策的教育主管机关。教育政策的制定与政策的执行是相对独立的两个环节，政策执行因属于行政管理范畴而区别于政策制定。民办高等教育主管机关是政府的行政职能部门，不具备制定政策的权限。自 20 世纪 90 年代以来，我国高等教育管理体制是以中央和省级政府两级管理，并以省级政府管理为主。因此，民办高等教育政策的执行主体主要是中央政府和省级政府，即教育部和省级教育厅或教育委员会。在民办高等教育管理过程中，各级教育主管部门不断改变对民办高等教育的认识，增强对民办高等教育发展的责任意识，采取各种措施与手段，逐渐使各项政策落实。随着政策执行主体作用的发挥，民办高等教育政策执行的有效性明显改善。

合作主体是指对民办高等教育政策进行咨询、建议、评价，从事高等教育研究和服务的第三部门。[③]改革开放之后到 20 世纪 90 年代，政府一直被认定为教育事业管理的唯一主体，拥有管理的法定权力，其他非政府组织均处于被管理的地位。当时的民办高

---

① 孙孝文. 治理环境下高等教育政策主体责任界定[J]. 江苏高教，2009（5）：48.

② 同①。

③ 同①。

等教育政策主体结构中呈现的是一种单一的、垄断的状态。高等教育是一种专门化的教育，教育服务的专业特性、控制方式匹配性和服务目标 3 个方面反映了单一主体的结构不适应民办高等教育发展的需要。随着高等教育政策公共选择模型的建立，多元、自组织和合作等概念引入高等教育政策领域，民办高等教育政策的制定与实施不仅成为政府的职责，而且成为非政府机构的任务。具体而言，民办高等教育学会这类非政府、非营利的民办高等教育研究和服务机构逐渐成为政策制定与实施的合作者。

评价主体是指民办高等教育机构的教职工和学生。此阶段之前，民办高等教育政策评价主体在政策全过程中几乎处于被忽略的境地。评价主体被宽泛地包括国家权力机关、政党、各级政府、非政府组织和群众。这些评价主体中的国家权力机关、政党和各级政府既担当评价主体，也担当决策主体或执行主体，其自我评价模式下的评价客观性受到质疑。而非政府组织和群众因缺乏对政策制定与实施的了解和研究，显然对政策效果的评价也受到限制。因此，随着治理理论在依法治教战略中有所体现，民办高等教育政策评价主体范围合理缩小为民办高等教育机构的教职工和学生。他们是该政策的真实受体，对该政策执行中的缺陷与问题能够做出客观的反映，并提出有效的补充和改进建议，对该政策效果的理解与评价具有客观性与权威性。

影子主体是指民办高等教育政策主要的利益相关者，包括用人单位、学生家长及新闻媒体。其中用人单位和学生家长更是这一政策效力的承受者。相对公办高等教育，由于投资办学具有的资本逐利性，民办高等教育更加呈现相关利益群体的特征。从发轫至今，民办高等教育就在教育市场中迂回前进，受到资源市场（学生家长）和消费市场（用人单位）两个重要利益相关者的影响。"影子群体没有固定的群落和严格的边界，往往根据对政策实践的关注段不同而汇聚成不同的意见群体，随着政策问题的消失群体随之消失。"[①] 目前，民办高等教育政策无论是在政策制定、实施，还是在政策评价过程中都不同程度受到用人单位、学生家长及新闻媒体的关注，这些影子主体无形中给民办高等教育政策的发展带来压力，促进政策的合理修订和完善。

公共政策在制定过程中所体现的基本价值诉求是对公共利益的整合与表达。民办高等教育政策中多元主体的参与也正满足了这一基本价值诉求，更符合现代民主社会对政策的要求。在多元主体参与的过程中，民办高等教育政策制定模式也随之从过去的封闭性模式转变为开放性模式。这一模式体现出政策主体多元化的特征，建构了决策主体与其他主体的合作与竞争关系，既重视决策主体的权威地位，也强调建立一种对决策主体权力制衡的机制。通过各政策主体自身利益的表达，达成公共利益的聚合，再通过主体间的竞争决定利益诉求的满足，这样能够有效平衡政策主体之间的利益需求冲突，使民办高等教育政策更具科学性、合理性，降低政策的风险性。

二、政策内容注重教育质量

每一项合理的公共政策都应以"公共利益"为依据。民办高等教育政策的一项重要内容就是清除并纠正各类歧视政策。与公办高等教育机构相比，民办高等教育机构只是

---

① 孙孝文. 治理环境下高等教育政策主体责任界定[J]. 江苏高教，2009（5）：49.

所有制组织形式不同，它所提供的教育仍是与公办高等教育一样的准公共产品，不但可以满足人民群众接受高等教育的需求，而且可以弥补公办高等教育资源的不足。由于民办高等教育与公办高等教育一样满足社会公共利益需求，相关政策也应该摒弃对其的歧视与偏见，为其清除发展的制度障碍。此阶段一项重要的措施便是重视公共财政对民办高等教育的扶持与资助。在高等教育的后大众化时代，民办高等教育的发展极大地丰富了教育资源，提高了教育效率，扩大了教育的选择性，创新了教育体制，为高等教育系统增添了生机。而公共财政加强对民办高等教育的扶持与资助将有助于民办高等教育的可持续健康发展，当然也就有利于实现国家和社会的公共利益。与国外私立高校以捐资办学为主的特征相比，我国的民办高校主要依靠投资办学，办学经费来源于举办者投资和学费收入。而办学经费问题一直是制约民办高等教育生存与发展的核心问题。办学规模扩张之后，办学经费短缺使部分民办高校面临生存危机。在这样的背景下，公共财政的扶持与资助虽然直接作用于民办高校，但这一政策效力将最终反映到民办高校的办学水平和办学质量上。没有资金作为保障，办学水平和办学质量也将无法保证。因此，从深层次来看，公共财政扶持和资助民办高等教育的政策实质是对教育质量的重视，目的是通过财政资助强调民办高等教育与公办高等教育同等的法律地位，重申其作为"教育事业发展的重要增长点和促进教育改革的重要力量"的地位，从而调动举办者或出资人的办学积极性，让民办高等教育事业充满生机，以资金确保其办学水平和办学质量，最终有利于实现教育公平和提升教育质量。《国家中长期教育改革和发展规划纲要（2010—2020 年）》明确提出"提高质量是教育发展的核心任务""全面提高高等教育质量""提高人才培养质量"。整个高等教育体系从规模发展向追求质量的转型，也促使作为未来高等教育改革重要力量的民办高校努力提升教育教学质量。从市场角度而言，随着后大众化时代的到来和高等教育资源的不断丰富，人民群众已经转向对高等教育质量的选择。而民办高校的办学实践也说明"要想获得良好的社会信誉和丰富的生源，就必须高度关注质量，走质量立校的道路"[①]。《国家中长期教育改革和发展规划纲要（2010—2020 年）》对民办高校的教育质量也做出了明确指示："支持民办学校创新体制机制和育人模式，提高质量，办出特色，办好一批高水平民办学校。"这无疑将有力地引导民办高校提高办学质量和办学水平。

三、政策过程关注监测与评估

教育政策是教育权利和利益的具体体现[②]，教育政策的执行则是体现教育权利和利益具体操作的实然价值判断过程[③]。2013 年 11 月 15 日公布的《中共中央关于全面深化改革若干重大问题的决定》第二条指出"全面深化改革的总目标是完善和发展中国特色社会主义制度，推进国家治理体系和治理能力现代化"。这就预示着党和国家管理模式及方法的转型与变化。伴随我国国家管理步入国家治理的新时期，政府职能正在发生从微观逐步走向宏观、从直接逐渐走向间接、从管理逐步走向服务的转变。正是在这种转

---

① 徐绪卿. 我国民办高校发展趋势分析：《国家中长期教育改革与发展规划纲要（2010—2020 年）》颁布后的思考[J]. 教育发展研究，2010（18）：3.

② 孙绵涛. 教育政策论[M]. 武汉：华中师范大学出版社，2002：18.

③ 王阳. 教育政策执行过程中多元利益主体的交锋与制衡[J]. 清华大学教育研究，2010（6）：108.

变的作用下，民办高等教育政策主体范围不断拓展，政策主体间的责任也发生了变化。政府不再是单一的、垄断的政策主体，多元主体在民办高等教育政策过程中活跃起来，并发挥出各自的作用。随着民办高等教育治理模式的转型，教育政策多元主体参与政策执行的动态过程，并呈现出多元利益主体的交锋态势。在这一多元利益主体中，政策决策主体和执行主体一直处于强势利益主体的地位，而政策合作主体、评价主体和影子主体属于相对弱势的利益主体地位。强势与弱势利益主体存在共同利益，但是也因从各自特殊的利益出发而产生矛盾与冲突。在民办高等教育政策执行过程中，强势利益主体期望通过政策解决高等教育资源不足的问题，满足人民群众的高等教育需求的需求，而弱势利益主体则更看重与自身直接相关的利益，尤其是作为评价主体的民办高校教职工和学生，更为关注如薪酬、职称、福利、专业设置、就业前景等直接与自身利益挂钩的眼前利益。通过多元利益主体的参与，政策主体间形成了一种权力的制衡机制，这就对政策制定与执行都提出了更高的要求。

正如美国学者安德森曾经指出的，在达到政策目标的过程中个，方案确定的功能只占 10%，而其余 90%取决于有效的执行[①]。民办高等教育政策的制定固然重要，但是政策的执行是政策目标最直接、最重要的实现途径，也才能体现政策文本的价值。民办高等教育办学行为的规范、师资队伍的建设、办学质量的提升等问题的有效解决都离不开政策的制定与执行。但随着民办高等教育政策体系的基本建立，民办高等教育政策执行中缺乏有效的监测与评估的问题日益明显，出现了所谓的"上有政策，下有对策"的局面。因此，《国家中长期教育改革和发展规划纲要（2010—2020 年）》第四十四条明确指出："建立民办学校办学风险防范机制和信息公开制度。扩大社会参与民办学校的管理与监督。加强对民办教育的评估"。这是加强政策多元主体责任的重要体现，拓展了民办高等教育政策执行监控与评估的主体，引入了第三方的专业评估机构、公众监测及大众媒体监测。

第四节　主要政策影响

进入 21 世纪，我国经济发展形势良好，对适应社会经济发展的高素质人才的需求也与日俱增，面临人力资源开发的巨大挑战。民办高等教育的地位与作用伴随办学规模的扩大和办学实力的加强而不断增强。2010 年《国家中长期教育改革和发展规划纲要（2010—2020 年）》充分肯定了民办高等教育的贡献，以政策文本的形式确认了民办高等教育是"教育事业发展的重要增长点和教育改革的重要力量"的地位与作用，表达出我国发展民办高等教育不断增强的信心与决心。此阶段的民办高等教育政策除了重新确定民办高等教育的地位，还进一步落实和细化了"依法管理"的方针，加强了公共财政对民办高等教育的扶持与资助，清除并纠正各类歧视民办高等教育的政策，以期形成公办

---

① 詹姆斯·E 安德森. 公共决策[M]. 唐亮，译. 北京：华夏出版社，1990：4.

高等教育与民办高等教育共同发展的高等教育大格局。由于宏观的民办高等教育政策体系框架已经基本建立，虽然此阶段开始逐渐向中观和微观层面发展，但是本节主要概述宏观层面政策的影响。

一、推进民办高等教育规模稳定的同时促进其质量提升

"规模和质量的问题，是世界各国高等教育大众化、普及化进程中都会遇到的问题，是一个国家、一个省乃至一所高校都必须面对和研究解决的重大发展战略问题，是宏观调控高等教育发展的一个重要方面。"① 毋庸置疑，民办高等教育是我国高等教育大众化的产物。在早期民办高等教育发展阶段，其生存的重要条件是招生数量。多数民办高校走的是一条以学养学的道路，招生人数直接决定了在校生数量，而在校生数量进一步决定了办学经费能够得到保障，这是关系民办高校生存的关键要素。"生存是学校发展的基础，是决定学校命运的前提，是学校质量的保证"②。不能否认，早期民办高等教育在规模与质量的抉择中更为注重规模的扩张，但也未曾放弃对质量的基本要求。当然民办高校的办学规模与办学质量之间的关系并不是固定不变的，而是处于一个动态演进的过程中。到了民办高等教育发展的中后期，社会对其质量的要求开始逐渐超过对其数量的要求。换言之，民办高等教育进入了一个规模低速增长与质量高速提高相统一的阶段，要求民办高校应对市场需求，适度控制招生人数，立足于教育质量的提高进行学校各方面的建设。不断变化的政策环境为我国民办高等教育提供了前所未有的发展空间。在"大力支持民办教育"规定的引导下，规模的稳步扩张是民办高等教育未来发展的一个趋势。而由于当前多数民办高校的经费来源依靠学费收入，而规模扩张显然成为民办高校获益的重要途径。故可以预测，未来一段时间多数民办高校将选择稳定甚至扩大办学规模的发展道路。教育部数据显示，"2009 年我国高等学校校均规模为 9086 人，但民办高校仅有 6094 人"③。从目前高等学校校均规模来看，民办高校规模仍有扩张的潜力。"截至 2011 年，民办高等教育在校生占比和学校数占比分别已达 21.88% 和 33.24%。"④ 2012 年 6 月，《国家教育事业发展第十二个五年规划》第二部分提出了"高等教育的毛入学率将由'十一五'期间的 26.5% 提高至'十二五'结束时的 36%，高等教育的在校生规模将由 2922 万提高至 3080 万"。由此可见，民办高等教育经过几十年的发展将迎来一个新时期。出于国家财政负担和高等教育质量原因的综合考量，未来高等教育规模增量的主力军不宜是公立高等教育，而是民办高等教育。因此，此阶段的民办高等教育政策应着力于如何引导民办高等教育健康有序地发展。而严格的质量保障措施成为民办高等教育健康有序发展的有效方式。《国家中长期教育改革和发展规划纲要（2010—2020 年）》提出，"提高质量是教育发展的核心任务"⑤，"全面提高高等教育质量"⑥，"提高

---

① 靳宝栓. 高等教育大众化：规模与质量应协调发展[N]. 光明日报，2004-12-08（7）.
② 黄藤. 论民办大学的规模质量观[J]. 黄河科技大学学报，2002（3）：11.
③ 根据教育部 2009 年教育统计数据整理。
④ 根据教育部 2011 年教育统计数据整理。
⑤ 《国家中长期教育改革和发展规划纲要（2010—2020 年）》（2010 年发布）第十八条。
⑥ 同⑤。

人才培养质量"①。在高等教育步入内涵式发展道路的背景下，民办高等教育也必然走上"质量立校"的道路。《国家中长期教育改革和发展规划纲要（2010—2020 年）》第四十三条提出"支持民办学校创新体制机制和育人模式，提高质量，办出特色，办好一批高水平民办学校"，这一明晰的政策导向牵引着高质量的民办高等教育发展之路。在政策的控制与引导下，民办高校的办学者将更深刻理解质量对于民办高校发展的重要性和必要性，从而努力提升办学质量和水平。因此，强化师资队伍、提升教学水平、增强科研能力、保障教学条件，努力成为民办名校，成为民办高校今后发展的方向。

二、有利于形成民办高等教育多样化发展格局

现代高校的发展，对各高等院校进行分工已经变得越来越必要，因为这有利于不同单位全力投入不同的工作，不同层次的专业培训，不同类型的、适合不同学生的一般教育，复杂程度不等的研究（从最基础的理论研究到最侧重应用的研究），所有这一切都是可以因院校分工后产生了各类相应的组织结构得到承担②。经济所有制结构的多样化促进了社会需求的多样化，而社会需求的多样化引发了办学多样化的诉求。这也促使了高等教育从大众化阶段逐渐步入后大众化阶段。《国家中长期教育改革和发展规划纲要（2010—2020 年）》为我们描绘了一幅 2010～2020 年 10 年的教育改革发展宏伟蓝图。在这样纲领性文件的引领下，民办高等教育除了寻求办学规模与质量的平衡，还关注多样化的发展格局。现实说明，人们更多关注的是民办高等教育的办学实践。在一系列政策的推动下，民办高校群体逐渐分化，呈现出多样化的局面，通过评估或转设等途径，有的升格为本科，有的向举办研究生教育努力，有的继续办好高等职业教育，有的专心做职业培训，有的面向社区。因此，此阶段政策的另一重要影响便是促使形成多样化发展的格局。无疑，特色办学成为多样化发展格局的重要内容。民办高校应结合自身优势和办学经验，科学定位，有所为有所不为，有所多为有所少为，有所先为有所后为，寻找适合自身发展的空间。

三、民办高等教育政策范式的转变促进有法可依的实现

政策范式的转变直接影响到政策决策主体的态度与实践。民办高等教育政策范式包括了实施该政策的实践和政府对民办高等教育的控制与干预程度。改革开放初期的民办高等教育政策范式是国家本位的，强烈的国家控制是早期民办高等教育的一个显著特征。虽然民办高等教育是市场化的产物，但在办学实践中却严重倾向于国家控制，其办学自主权受到严格的限制。进入 21 世纪，国家本位的民办高等教育政策范式开始向民办高校自主一端转变。2002 年的《民办教育促进法》的颁布是一个转折点，该法提出了"国务院教育行政部门负责全国民办教育工作的统筹规划、综合协调和宏观管理"，在减少国家干预的同时扩大了办学的自主权。因此，"从'规范'转向'扶持'，落实公共财政扶持民办高校的各项举措，给予民办高校更多的办学自主权，促进高水平民办高校的

---

① 《国家中长期教育改革和发展规划纲要（2010—2020 年）》（2010 年发布）第十九条。
② 伯顿·R 克拉克. 高等教育系统——学术组织的跨国研究[M]. 王承绪，等译. 杭州：杭州大学出版社，1994：291.

建设，是当前和今后一个时期我国民办高等教育政策转型的主要着力点"①。

作为罗马传统高等教育体系的标志，"国家本位的政策范式包括两个方面的内容：一方面强调政府控制，即政府积极介入大学事务，参与大学决策，以确保大学的发展符合社会发展的需要；另一方面，受政治论高等教育哲学的指导，大学对社会事务持'介入'姿态，即大学瞄准国家与社会的需要，积极参与社会事务，为社会发展服务"②。早期民办高等教育政策规定"社会力量应以举办实施职业教育"和"国家严格控制社会力量举办高等教育机构"来设置民办高校的办学目标和办学规模。"从民办专科院校升格本科来看，在独立设置的 336 所民办普通高校中，只有 43 所本科院校，其中 3 所为中外合作办学高校。民办本科院校比例较低，升格仍有空间。"③进入 21 世纪后的民办高等教育政策开始关注政府治理与民办高校办学自主之间的契合，民办高校介入社会与市场，从而逐渐实现民办高等教育政策范式从国家本位向市场本位转变。民办高校必须瞄准和适应国家及社会发展对人才的需求，培养大量高级应用型人才，明确办学优势，培养竞争意识和主动性，建立自我约束与自我规范的内部治理结构。

正是政策范式的转变，民办高等教育"依法管理"方针才得以进一步落实与细化，民办高等教育机构逐步迈向治理的道路也成为一种自觉选择。在高等教育进入后大众化时期，市场机制调节下的教育资源不断丰富，民办高等教育机构的办学行为越来越成为社会关注的热点。为了加强民办高等教育机构办学行为的规范与监督，国家先后出台了一系列政策。"大力推进依法治校"的政策规定和一系列相应的具体要求明确了民办高等教育机构需要贯彻落实的规范办学的基本规定。这有力地推进了政府对民办高等教育发展的自主行为和民办高等教育机构自身的自觉选择。在治理理论的不断影响下，政府职能发生转变，多元主体参与意识不断增强，不同利益相关者通过直接参与决策来监督权力运作与政策实施，以维护自身利益和共同利益，从而促使民办高等教育真正实现有法可依。

四、推动民办高等教育从社会边缘步入社会中心

《国家中长期教育改革和发展规划纲要（2010—2020 年）》明确指出"民办教育是教育事业发展的重要生长点和促进教育改革的重要力量"，这显然比《民办教育促进法》中"社会主义事业的组成部分"的内容更进一步。两个"重要"将民办高等教育与公办高等教育之间的距离拉近，并体现出未来高等教育事业规模增量将主要由民办高等教育来完成。纲要还提出"办好一批高水平民办学校"，这是政府首次以政策文本形式提出对民办高等教育办学水平的要求。随后，2012 年教育部《教育部关于鼓励和引导民间资金进入教育领域促进民办教育健康发展的实施意见》中的"支持高水平有特色民办学校建设"、《教育部关于全面提高高等教育质量的若干意见》中的"加强民办高校内涵建设，办好一批高水平民办高校"和鲁昕同志提出的政府"扶持民办教育发展的基本导向是扶

① 徐绪卿，王一涛. 论我国民办高等教育政策从"规范"向"扶持"的转型[J]. 高等教育研究，2013（8）：42.
② 周光礼. 高等教育治理的政策范式：办学自主权的国际比较[J]. 湖南师范大学教育科学学报，2011（5）：6-7.
③ 徐绪卿. 我国民办高校发展趋势分析：《国家中长期教育改革与发展规划纲要（2010—2020 年）》颁布后的思考[J]. 教育发展研究，2010（18）：84-85.

持特色发展、高质量发展、规范发展",这些内容充分表明,国家对民办高等教育发展的近期目标是建设高水平民办高校。只有高水平的民办高等教育,才能成为国家高等教育体系中重要的支撑部分,才能真正与公办高等教育形成共同发展的良好格局。《国家中长期教育改革和发展规划纲要(2010—2020年)》还强调废除一切歧视民办高等教育的法规、政策和措施,这有利于消除民办高校的自卑感。因此,此阶段的民办高等教育政策有力推动了民办高等教育从社会边缘步入社会中心,不再是办学主体多样化的陪衬,而是能够有效推动我国高等教育事业改革与发展的重要力量。

第六章　探寻规律：民办高等教育政策变迁的动因

第二章至第五章对民办高等教育政策各个阶段进行了详细阐述，在分阶段揭示民办高等教育政策"变了什么"和"如何变"的问题之后，其"为什么变"成为民办高等教育政策变迁研究的一个非常重要的方面。只有对民办高等教育政策变迁动因进行研究，才能更为综合、系统地探究民办高等教育政策变迁的因果过程，从而为民办高等教育政策改革思路及未来走向的探讨与预测构建理论基础。对民办高等教育政策系统而言，民办高等教育亟待发展与政策羁绊之间的矛盾成为推动民办高等教育政策变迁的基本前提，而这一现实问题引起了政府高度关注并不断寻求解决这一问题的可行方案，从而发生了民办高等教育政策的变迁，形成一个动态的过程。

自 20 世纪 70 年代末以来，政策变迁的理论研究逐渐开展，并形成了多种政策变迁理论模型或框架[1]，主要有循环模型（交替循环模型[2]和"锯齿式"政策变迁模型[3]）、机会模型（多源流模型[4]和间断平衡模型[5]）、共识模型[6]、学习模型（倡导联盟框架[7]）、设计模型（政策创新模型[8]和制度理性分析模型[9]）、演化模型[10]。这些理论对政策变迁的原因与动力进行了不同角度的分析，致力于揭示政策变迁的因果过程。在这些理论中，多源流模型、倡导联盟框架和间断平衡模型逐渐成为政策变迁理论中被广泛接受的三大主流理论。多源流模型是美国公共政策学家约翰·W. 金登（John W. Kingdon）在其 1984 年出版的《议程、备选方案与公共政策》一书中提出的，用于分析运输、医疗、电信、财政等领域的政策变迁。该模型指出政策变迁的动因主要来自 4 个方面，即问题的凸显、政治形势的变化、政策方案的完善和政策企业家的大力推动。倡导联盟框架是 1988 年

---

① 杨代福. 西方政策变迁研究：三十年回顾[J]. 国家行政学院学报，2007（4）：106-107.

② Arthur Meier Schlesinger.The Cycles of American History[M].Boston:Houghton Mifflin Company,1986.

③ Edwin Amenta, Theda Skocpol. Taking Exception: Explaining the Distinctiveness of American Public Policies in the Last Century[C]// F. G. Castles. The Comparative History of Public Policy. New York: Oxford University Press, 1989.

④ 约翰·W 金登. 议程、备选方案与公共政策[M]. 丁煌，方兴，译. 北京：中国人民大学出版社，2004.

⑤ Baumgartner F. R., Jones Bryan D.. Agendas and Instability in American Poilitics[M]. Chicago: University of Chicago Press,1993.

⑥ Hayes M T. Incrementalism and Public Policy[M]. New York: Longman,1992.

⑦ Sabatier Paul A, Hank C. Jenkins-Smith, Policy Change and Learning: An Advocacy Coalition Approach[M]. Boulder, CO: Westview Press,1993.

⑧ Nancy C, Roberts, Paula J. King. Transforming Public Policy: Dynamics of Policy Entrepreneurship and Innovation[M].San Francisco: Jossey-Bass ,1996.

⑨ Carlsson L. Policy Networks as Collective Action[J]. Policy Studies Journal, 2000, 28(3): 502-520.

⑩ Peter John. Is There Life After Policy Streams, Advocacy Coalitions, and Punctuations: Using Evolutionary Theory to Explain Policy Change?[J].The Policy Studies Journal, 2003, 31(4): 481-498.

由保罗·A. 萨巴蒂尔（Paul A. Sabatier）在《政策变迁的倡导联盟理论与政策学习的作用》①中提出的。在不断发展与完善的过程中，该理论被应用于环保、能源、社会等领域的政策变迁研究。该理论指出政策变迁的动力来自六大方面，包括社会经济条件的变化、民意与公共舆论的转变、执政者的更迭、其他政策子系统的影响、政策效果的反馈、不同倡导联盟之间的互动。而间断平衡模型是弗兰克·鲍姆加特纳（Frank Baumgartner）和布莱恩·琼斯（Bryan Jones）在 20 世纪 90 年代初所提出的一种政策变迁理论，并被运用于核能、农药、预算等政策变迁的分析之中。该理论指出政策变迁主要受到外部环境的变化和外部关注度的提高两大因素的影响。

综合以上三大主流理论对政策变迁动因的不同理解，基于第二章至第五章对于我国改革开放至今的民办高等教育政策变迁历程的全面回顾与系统梳理，民办高等教育政策的变迁主要受到两大类因素的共同作用，即外部动因和内部动因。外部动因通过作用于内部动因影响政策的变迁，内部动因则直接作用于政策变迁过程。改革开放以来的政治体制改革、经济体制变革和社会形势的变化，成为我国民办高等教育政策变迁的外部动因，也可称为根本动因。同时，民办高等教育内部的政策需求与政策供给之间的矛盾和政策多元利益主体的博弈成为民办高等教育政策变迁的内部动因，也就是直接动因。正是这些动力因素，民办高等教育政策的变迁才得以发生。

第一节　民办高等教育政策变迁的外部动因

"政策变迁深受时空环境的影响，时空环境有时会成为政策变迁的驱动力。"②外部政策环境的不断变化成为政策变迁发生的外部动力。综观我国民办高等教育的政策环境，政治体制改革推进政府职能转变、经济体制改革促进私营经济繁荣、社会形势变化增大高等教育需求 3 个方面成为民办高等教育政策变迁强大的外在推动力，促使民办高等教育政策发生适应性的变迁。

一、政治体制改革推进政府职能转变

推进政府职能转变是我国政府体制改革的重要内容，也是建立社会主义市场经济体制和深化经济体制改革的重要条件。

1. 政府职能的转变历程

改革开放至今，我国政府职能的转变历程大致可以分为两个阶段。第一阶段是改革开放之后至 1999 年，此时期我国逐渐完成了政府职能重心从阶级斗争转向经济建设。改革开放初期，政府的核心职能是以经济建设为重心，满足人民群众日益增长的生活需求，实现基本建成小康社会的目标。此阶段，我国政府职能的转变体现为政治职能、经

---

① 保罗·A 萨巴蒂尔. 政策变迁与学习：一种倡议联盟途径[M]. 邓征，译. 北京：北京大学出版社，2011.
② 林水波，张世贤. 公共政策[M]. 台北：五南图书出版股份有限公司，2006：467.

济职能和社会职能 3 个方面内容的调整。第一，政治职能实现从阶级专政转向民主法治。由此，我国民主法治之路开启，而政治权力规范运行则依靠依法治国方略的实施。第二，经济职能实现从计划经济转向市场经济。政府通过主动调节公共政策，为市场经济稳定运行提供必要的政策保障。第三，社会职能实现从全面管理转向服务社会。政府为社会和公众服务的本质职能日益突出。第二阶段是 2000 年至今。服务型政府的建设成为政府职能转变的一项重要目标。2005 年的十届全国人大三次会议，建设服务型政府被写入政府工作报告，并经过全国人大批准后成为国家意志。政府角色的定位随着服务型政府理念的提出而得以明确。政府是为社会和公众提供服务的，其职能履行的方式需要实现从"管理"转向"服务"。此阶段，政府职能的转变需要明确政府权力，界定政府、市场与社会责权的合理边界。当前，现代国家政府职能改革的共识已经达成，即"更好的治理，更好的服务"。治理是国家权力转向社会的回归，这一过程实际上是还政于民的过程。

2. 政府职能转变促使政府角色转变

在民办高等教育发展历程中，政府的职能转变推动了政府的角色不断转变。而政府对民办高等教育产生影响的重要途径便是政策供给。由于政府角色的不断转变，政策供给的内容与形式也随之发生变化，从而促使政策变迁的发生。总体而言，在民办高等教育发展过程中，政府的角色扮演过程呈现出"支持者—监控者—管理者—服务者"的转变趋势，并逐步对民办高等教育政策供给产生不同程度的影响。

首先，为了缓解高等教育供需严重不足的困境，1982 年《宪法》首次赋予了社会力量办学的合法地位，1985 年的《中共中央关于教育体制改革的决定》、1987 年的《关于社会力量办学的若干暂行规定》和《社会力量办学财务管理暂行规定》及此后一系列的规章制度进一步明确支持和鼓励社会力量办学的态度。国家在政策上的支持态度有力地刺激了当时民办高等教育的迅速发展。此阶段，民办高校逐渐改变以往"培训班"的办学模式，实现高等教育机构的合法转化。政府主动扮演了"支持者"的角色，相继出台多项政策法规表明政府对民办高等教育的支持态度。由于为了满足日益增强的高等教育需求和当时高等教育处于"精英教育"的定位，政府的支持只有有限的支持。当然，不能否认政府从"旁观者"到"支持者"的跨越对早期民办高等教育发展的重要作用。但是由于政府仅限于表明支持的态度，一定程度上引发了早期民办高等教育办学行为的不规范。

其次，1993 年的《民办高等学校设置暂行规定》、1995 年的《教育法》、1998 年的《高等教育法》都明确指出民办高等教育机构不得以营利为目的，1997 年的《社会力量办学条例》第五条中规定"国家严格控制社会力量举办高等教育机构"。"不得以营利为目的"和"严格限制"这两项政策内容充分表明了此阶段政府的角色已经发生转变，从过去的支持者转变为监控者。导致这一角色转变的一个重要原因在于，政府职能转变不完全到位，其直接性的行政管制手段对民办高等教育的干预过多，使民办高等教育失去了应有的生机与活力。

再次，如何实现民办高等教育规范管理成为此阶段政府的重要任务。为保证民办高等教育的有序发展，政府又一次调整角色，担当管理者，制定多项政策法规规范民办高等教育的办学行为，其中 2003 年的《民办教育促进法》、2004 年的《民办教育促进法实施条例》和 2007 年的《民办高等学校办学管理若干规定》详细具体地对民办高等教育办学行为做出了规范性规定。

最后，《国家中长期教育改革和发展规划纲要（2010—2020 年）》在强调民办教育的重要地位与作用的同时，更加明确提出了"依法管理民办教育"等带有扶持民办高等教育倾向的政策内容。伴随现代国家政府职能的调整，政府角色定位将逐渐从管理者向服务者转变，不再是以管理者的身份对民办高等教育进行直接的规范管理，而是以服务者的身份对民办高等教育发展进行扶持与监督。这既是政府身份的恰当定位，也是民办高等教育改革与发展的必然要求。

二、经济体制改革促进私营经济繁荣

经济形势的变化一直是影响政策变迁的一项重要因素。"经济形势的变化还可能会影响到政策制定者关注度的提高"[①]。从民办高等教育政策不断变化的政策环境来看，经济体制变革所带来的经济形势变化主要表现为私营经济的繁荣。

面对社会公众对高等教育日益增强的需求和高等教育供需之间的严重矛盾，政府不再是高等教育的唯一举办者。1982 年《宪法》第十九条就明确指出"国家鼓励集体经济组织、国家企业事业组织和其他社会力量依照法律规定举办各种教育事业"。民办高等教育政策的发展正是起步于此。在私营经济迅速繁荣的背景下，吸引更多社会力量投资参与民办高等教育办学，缓解高等教育严重的供需矛盾便成为民办高等教育政策所提出的"改革办学体制"内容的重要原因。《中国教育改革和发展纲要》（1993 年发布）第十六条提出"改变政府包揽办学的格局，逐步建立以政府办学为主体、社会各界共同办学的体制"，标志着民办高等教育政策进入了推进与发展的新阶段。伴随经济体制改革的稳步深入，市场经济的多元化所有制结构逐步形成，私营经济等非公有制经济的进一步发展为高等教育办学主体多元化提供了必要的经济基础。《面向 21 世纪教育振兴行动计划》（1998 年发布）第三十九条进一步提出"深化办学体制改革，调动各方面发展教育事业的积极性"，"今后 3～5 年，基本形成以政府办学为主体、社会各界共同参与、公办学校和民办学校共同发展的办学体制"，"制定有利于吸纳社会资金办学教育和民办学校发展的优惠政策"。在经济建设不断取得成绩的背景下，我国将迎来全球经济强国的时代。《国家中长期教育改革和发展规划纲要（2010—2020 年）》（2010 年发布）第四十二条指出："深化办学体制改革。坚持教育公益性原则，健全政府主导、社会参与、办学主体多元、办学形式多样、充满生机活力的办学体制，形成以政策办学为主体、全社会积极参与、公办教育和民办教育共同发展的格局。调动全社会参与的积极性，进一步激发教育活力，满足人民群众多层次、多样化的教育需求。"由此可见，从私营经济繁荣促进的办学体制改革来看，基于政策的稳定考虑，我国民办高等教育政策的决策者选

---

① 柏必成. 政策变迁动力的理论分析[J]. 学习论坛，2010（9）：54.

择了渐进式的变迁模式。

三、社会形势变化增大高等教育需求

在改革开放至今的民办高等教育政策变迁过程中，社会形势的变化这一宏观背景因素主要体现出大众对高等教育需求的日益增强。改革开放初期，人才的极度匮乏，远不能满足经济建设的需求。"尊重知识与尊重人才"的普遍共识和人口数量的急剧增加导致了严峻的高等教育供需矛盾。正是这样的高等教育供给严重不足的局面为我国民办高等教育提供了巨大的发展空间。民办高等教育政策的形成便是基于对这一问题的关注，并期望通过有效的政策加以解决。《关于社会力量办学的若干暂行规定》（1987年发布）第三条就特别指出"社会力量办学是我国教育事业的组成部分，是国家办学的补充"。这说明了早期民办高等教育政策将社会力量办学定位为国家办学的补充。随着人民物质生活条件的不断提高，教育多样化的需求日益增强，仅凭国家财力加大教育投入仍然不能解决高等教育供需矛盾问题。于是，此阶段的民办高等教育政策依然围绕大力发展民办高等教育来解决高等教育需求这一问题而制定。在经历了高速的规模扩张之后，民办高等教育办学行为的规范管理成为政策制定者所关注的新问题。三项与民办高等教育直接相关的政策先后制定，即《民办教育促进法》（2002年发布）、《民办教育促进法实施条例》（2004年发布）、《民办高等学校办学管理若干规定》（2007年发布），进一步推动了民办高等教育政策的变迁。在依法治国战略的指引下，我国高等教育管理迎来了新的任务——实现高等教育的依法治教，如何对民办高等教育依法管理成为新时期的新问题。而在《国家中长期教育改革和发展规划纲要（2010—2020年）》（2010年发布）中"依法管理民办教育"被明确提出。可见，日益增强的高等教育需求成为民办高等教育政策变迁重要的外部推动力，并产生了重要影响。

第二节　民办高等教育政策变迁的内部动因

政策变迁是多方面因素综合作用下的过程。对我国民办高等教育政策变迁来说，其外部动力和内部动力的多方面因素作用所产生的合力形成了变迁的动态过程。如果没有内部力量的推动，外部动力虽然强大，但也不能决定民办高等教育政策的变迁。导致民办高等教育政策变迁的动因不仅包括外部政治、经济、社会形势变化带来的政府职能转变、私营经济繁荣、高等教育需求增强，还包括内部的政策需求与政策供给之间的矛盾和多元主体间动态的利益博弈。从政策体系角度来看，政策需求与供给的矛盾成为推动政策变迁的客观内部动因；而从政策主体角度来看，政策多元主体间动态的利益博弈成为推动政策变迁的主观内部动因。

一、政策需求与供给之间的矛盾

李岚清曾经指出，"中国的教育事业，只靠政府这一个'轮子'推动，发展速度总是有限的，如果采取加上另一个'轮子'——民办教育的推动，一定会发展得更快、更好"[①]。经历了几十年的发展，民办高等教育逐渐成为高等教育事业的重要组成部分，为经济社会发展培养和输送了大量的人才，推动了高等教育大众化目标的实现。潘懋元教授曾经预测，"到2020年，多种模式的民办高等学校及其学生，可能达到高等教育总数的三分之二左右；将有若干所民办高校，成为各自定位的一流院校。这样的发展态势前提条件是抓住机遇、自强不息、社会支持和政策到位"[②]。改革开放至今的民办高等教育曲折前行的历程充分说明：民办高等教育发展的重要前提是政策，而政策问题是民办高等教育发展需要解决的首要问题。回顾我国民办高等教育政策发展的历程也可以看出：民办高等教育政策的不到位、滞后等问题严重影响着民办高等教育的可持续发展。政策部门颁布的民办高等教育相关政策（政策供给）由于各种因素的影响，不能充分满足民办高等教育发展的政策诉求（政策需求）。政府出台的政策文本与民办高校的办学实践之间的持续互动推动了民办高等教育政策的变迁。正是这样的良性互动解决和缓解了民办高等教育办学实践中的诸多问题与危机。

改革开放给我国经济社会发展带来了翻天覆地的变化。民办高等教育作为国家办学的补充，弥补了高等教育资源的严重不足，也与公办高等教育形成了一种补充与竞争的关系。早期的民办高等教育政策内容主要停留在赋予民办高等教育办学的合法地位层面，有关民办高等教育的政策内容散见于《宪法》《教育法》《职业教育法》等规范性文件中。政策供给的严重不足导致民办高等教育遭遇质疑，严重制约了早期民办高等教育的发展，国家垄断的高等教育局面也未能真正打破。此后，虽然国家逐渐认识政府包揽办学的各种弊端，明确建立"以政府办学为主体，社会各界共同办学的体制"，但是国家态度依然摇摆不定，其制定的政策内容存在政策目标不明确、政策手段缺乏实效、政策体系不完善等问题。伴随办学规模与办学质量的提高，民办高等教育为我国高等教育事业增添了生机与活力。由于公办高等教育发展的重要作用一直以来备受政府的关注与重视，因此，政府在对待公办与民办高等教育的问题上始终未能公平对待，表现为对民办高等教育发展的政策支持态度肯定但行动缓慢，未能让民办高等教育在与公办高等教育竞争的格局中产生应有的影响与作用。当然不能否认此阶段政府认识到有效的政策供给对于民办高等教育发展的重要影响。《民办教育促进法》和《民办教育促进法实施条例》的颁布与实施充分说明了政府试图通过具有可行性和针对性的政策来实现有效的政策供给。但事实上，由于缺乏前瞻性，政策的模糊性特征在此阶段政策内容中表现明显，政策执行效果不佳。一种内部的动力推动着民办高等教育政策的变迁，这种内部动力主要表现为民办高等教育政策需求与供给之间的矛盾运动。

① 李岚清. 李岚清教育访谈录[M]. 北京：人民教育出版社，2003.
② 潘懋元，林莉. 2020：中国民办高等教育的前瞻[J]. 浙江树人大学学报（人文社会科学版），2005（3）：1.

二、政策多元利益主体的博弈

"一般而言，教育政策的利益主体可分为教育政策制定者、教育政策执行者和教育政策对象。"[①] 同样，民办高等教育政策的利益主体包括了政府、教育行政部门、民办高校、社会等。作为一项公共政策，民办高等教育政策就是对民办高等教育活动中多元利益主体之间矛盾的协调与处理。民办高等教育政策的变迁过程就是一个由政府、社会、民办高校、利益团体等多元利益主体博弈的过程。政策多元利益主体的博弈成为政策变迁的主观动因。正是这一动态的博弈过程，民办高等教育政策才呈现出不同阶段的不同内容与特征。

早期民办高等教育政策过程中，党委、人民代表大会和政府发挥了绝对的主导作用，以其所处的地位与所掌握的资源主导了早期民办高等教育政策的形成。早期民办高等教育政策具有强烈的计划经济色彩，着力于缓解教育与政治、经济、社会等系统之间的矛盾，具有明显的国家功利主义的价值特征。伴随经济社会的迅速发展，民办高等教育政策逐渐具有市场经济体制的特征，开始关注政府与民办高校之间的关系、各自的权责。作为政策执行主体的民办高校提出利益诉求，《民办高等学校设置暂行规定》《社会力量办学条例》《民办教育促进法》《民办教育促进法实施条例》《民办高等学校办学管理若干规定》的颁布便是关注其利益诉求的重要表现。为了缓解政策决策主体与执行主体之间的矛盾，政策内容发生了明显的变化，尤其是"合理回报"、产权、依法管理方面具体内容的提出。随着多元利益主体参与政策过程，民办高等教育政策制定模式从过去的封闭性模式逐渐转向开放性模式，政府与民办高校、社会之间正在努力建构一种合作的关系。由于政策多元利益主体间的博弈，改革开放至今的民办高等教育政策呈现出一种渐进性变迁，经历了从注重国家利益到注重个人利益、从注重规模发展到注重质量提升、从注重教育公益性到注重教育公益性与营利性双赢的变迁。

---

① 李北群. 论教育政策的利益分析：必要性、框架及应用[J]. 江苏社会科学，2008（6）：212.

第七章　审视现实：民办高等教育政策的成效与问题

改革开放至今，为了引导和调控民办高等教育的发展，政府相继出台了一系列涉及民办高等教育的政策，既有对民办高等教育发展的原则性规定，也有对其采取的权威性和强制性的规范措施。本书选取了政策主体、价值、内容、过程这4个维度对我国改革开放至今的民办高等教育政策内容和特征进行详细的阐释。因此，基于对我国改革开放至今的民办高等教育政策变迁历程的概述和政策变迁动因的解析，本章依然主要选取政策主体、内容、价值、过程这4个维度来审视目前民办高等教育政策发展所取得的成效和存在的问题，以增强本书的系统性与逻辑性。

第一节　民办高等教育政策发展取得的主要成效

教育政策成效是指教育政策出台和实施之后产生的有效的结果。改革开放至今的民办高等教育政策为民办高校发展提供了一种规范性和引导性的行动标准，不仅规约着民办高校的办学实践，也提高了民办高校抗击风险的能力。对民办高等教育政策而言，其政策的直接成效主要体现在政策文本、政策价值和政策基调的变化与转型上，间接成效则主要呈现为政策内容和政策实施对民办高等教育改革与发展的有效促进和规范发展方面。

一、政策文本不断充实与完善

亚里士多德认为，形式是事物的结构，是构成事物各要素之间的关系。培根则认为形式是物质内部所固有的、本质的基础和根据。物质之所以具有自己的个性，形成各自的差异，是因为物质内部所固有的本质，也即形式所决定的。对公共政策的分析离不开对其形式的分析。作为一项公共政策，民办高等教育政策正是借助政策文本的表达形式将政策主体的价值取向进行公布与传播的，使之在民办高等教育发展实践中表现出来。"教育政策的存在形态主要可以分为两大方面，第一，教育政策是由各种规划、法令、规章、计划、策略等组成的有关教育发展的政治性、公共性的静态的文本表述和意义阐释；第二，教育政策是以教育活动中主体的认识和实践活动为主要内容，以主动追求价值和意义实现为根本目标的动态过程。"[1] 对民办高等教育政策而言，其出台首先需要以政策静态性的文本形态作为理论载体来实施。政策文本的不断充实与完善对于政策功

---

[1] 王举. 教育政策的逻辑体系探究[J]. 教育理论与实践, 2013（16）: 29.

能的实现有着重要的作用。

改革开放以来，我国民办高等教育政策文本在形式与内容上均得到了不断的充实与完善。就形式而言，政策的不同表现形式所体现的政策规范性与强制性程度是有差异的。一般而言，批复的强制性较弱，意见和建议的强制性次之，而指示和决定的强制性较强。通知、指示、建议、意见、决定的规范性较低，条例、规定、章程的规范性次之，而法律、法规的规范性最高。目前我国民办高等教育政策体系中，根据本书所汇编的 44 项民办高等教育相关的政策，其中带有最高规范性的法律和法规有 4 项，带有较强强制性的决定、纲要、条例、规定有 16 项，规范性较低的通知、意见、复函、建议等有 24 项。

由此可见，我国民办高等教育政策文本在表现形式上表现出了较强的规范性和强制性，成为民办高等教育事业发展的理论载体。就内容而言，"公共政策作为一种规范性文件，具有明显的管制、引导和利益分配功能。因此，一项政策要有明确的执行主体、客体和内容三个基本要素；政策条文要符合逻辑规范，即具有确定性和一致性、无矛盾性或必然性；政策文件用词要准确、严密、通俗，杜绝含混不清、语法不通、表达转弯抹角的现象；此外，政策文件在行文方面还要遵循一定的规格，虽然不同政策文件在规格上有一定的差异，但各种类型政策也有共同的书面格式，这些格式主要有：标题、主送机关、正文、附件、落款、发文日期、主题词、抄送抄报单位、印发机关、时间、份数等"[①]。目前我国民办高等教育政策体系中政策条文和用词基本达到规范性要求，具有确定性。以《民办教育促进法》为例，该法共设十章，依次是总则、设立、学校的组织与活动、教师与受教育者、学校资产与财务管理、管理与监督、扶持与奖励、变更与终止、法律责任、附则。其中，第一章的第一条即对《民办教育促进法》的根本目标做出了规范性的描述："为实施科教兴国战略，促进民办教育事业的健康发展，维护民办学校和受教育者的合法权益，根据宪法和教育法制定本法"。这是从宏观到微观、从外延到内在进行了综合的表述。第一章的第三条中描述的"民办教育事业属于公益性事业，是社会主义教育事业的组成部分。国家对民办教育实行积极鼓励、大力支持、正确引导、依法管理的方针"，此政策行文在保持与此前 1997 年的《社会力量办学条例》第四条中规定的"积极鼓励、大力支持、正确引导、加强管理"的方针基本不变的情况下，用"依法"二字替换掉"加强"二字。此处既可以充分体现出其用词的准确和严密，也表现出该政策的整体性与连续性。该法第十章第六十八条明确规定"本法自 2003 年 9 月 1 日起施行。1997 年 7 月 31 日国务院发布的《社会力量办学条例》同时废止"，这也充分说明政策文件在行文中逻辑规范、清晰准确。

整体而言，民办高等教育政策体系基本建立，主要表现在两个方面。其一，现有的政策内容已经能够基本涵盖目前民办高等教育发展的主要方面。不容否认，在政策发展的初期阶段，政策不健全的特征十分明显。在《宪法》赋予民办高等教育的合法性之后，初期颁布实施的政策仅涉及校名问题、财务管理、教学管理、印章管理等方面。目前，政策法规已经基本覆盖了民办高等教育发展的诸多方面，包括从民办高校的设立到终止

---

① 张润泽. 形式、事实和价值：公共政策评估标准的三个维度[J]. 湖南社会科学，2010（3）：31.

过程中中央政府、地方政府、举办者、民办高校、受教育者各自相应的权利与义务等。这也充分说明我国已经初步建立民办高等教育政策体系。其二,现有民办高等教育政策内容已经初步构建了从《宪法》根本法到《民办教育促进法》的层级结构。1982 年《宪法》解决民办高等教育的合法性问题之后,根据这一国家根本大法,《教育法》、《社会力量办学条例》(于 2003 年 9 月 1 日废止)、《高等教育法》、《民办教育促进法》先后出台,对民办高等教育发展进程中的办学活动进行规范与引导,在这一系列国家层面的政策出台的背景下,一系列地方性政策法规也相继出台,共同形成了民办高等教育政策体系的基本框架。这也清楚表明,我国已经初步建立民办高等教育的政策体系。

二、政策价值取向实现宏观国家价值与微观自身价值的融合

"教育政策是一个国家为了实现一定的教育目标和任务所作出的战略性和准则性规定。"[①] 事实上,教育政策的颁布与实施就是作为政策决策重要主体的政府进行的价值选择。教育政策的价值观是多元政策主体对民办高等教育生存与发展所持的价值判断,决定民办高等教育发展的方向。综观改革开放以来我国的民办高等教育政策,一项重要的成绩便是其政策价值取向实现了外在价值与内在价值的融合。

综观改革开放以来我国民办高等教育政策,其价值取向的变迁受到中央、地方、民办高校和社会等诸多方面因素的影响,每个阶段出台的政策所体现的价值取向是多方面且变化的。民办高等教育政策的外在价值所体现出的是民办高等教育政策着力于解决教育与政治、经济、文化等多方面的矛盾与问题,不断促进经济社会迅速发展和满足人民群众日益增长的高等教育需求等,具有一种宏观的国家层面的价值选择。而民办高等教育政策的内在价值所体现出的是以个体发展为目的的民办高等教育自身生存与发展的准则性规定。在政策发展初期,即改革开放之初,由于打破了计划经济体制,民办高校恢复发展,民办高等教育政策的最初目的便是让更多社会力量投入当时的高等教育体系之中,解决高等教育资源匮乏的问题,满足迅速发展的经济建设对大量人才的需求。随着政治体制改革的稳定深入和经济的迅猛发展,高等教育供求矛盾更加突出,市场机制和竞争机制被引入高等教育领域,加快民办高等教育政策的发展成为一项重要任务。在政策的有力引导下,我国民办高等教育的规模得到迅速扩张,为国家经济建设培养了大量人才,推动了高等教育办学多元化的实现。

我国民办高等教育政策的价值取向发生了转变,逐渐从注重国家社会发展转向重视个体发展,从注重规模扩张转向重视质量建设。特别是在 1999 年高校扩招政策实施之后,国家对民办高等教育政策发生了重要改革,出台了许多微观层面的配套政策,如师资建设、教学质量、奖助学金等方面,开始关注民办高等教育的教育者与受教育者的权利与权益。可见,我国民办高等教育政策价值取向实现了一个动态的融合,从宏观到微观,将国家社会发展需求与个体发展需求、规模扩张需求与质量建设需求有机地结合,推动民办高等教育政策进入新的发展时期。

---

① 郑新立. 现代政策研究全书[M]. 北京:中国经济出版社,1991:508.

三、政策基调实现"合法—限制—规范—扶持"的良好转型

不同的历史发展阶段具有不同的政策需求，所有政策都具有不同的阶段性特征。民办高等教育政策也不例外。从 1982 年《宪法》赋予社会力量办学的合法性以来到 1993 年《民办高等学校设置暂行规定》的出台，再到 1998 年《面向 21 世纪教育振兴行动计划》的颁布，直至 2010 年《国家中长期教育改革和发展规划纲要（2010—2020 年）》的制定与实施，民办高等教育政策在不同发展阶段呈现出不同的特征。1982 年《宪法》第十九条提出"国家鼓励集体经济组织、国家企业事业组织和其他社会力量依照法律规定举办各种教育事业"，这首先解决了民办高等教育发展的合法性问题。"合法"成为第一阶段的政策基调。此后民办高校不断兴起，为高等教育增添了生机与活力，但是相当长一段时间没有明确的民办高等教育相关政策出台，民办高校的办学行为多为"摸着石头过河"。在这种"无政策"状态下，民办高等教育的自我发展在"合法"的政策内容引导下逐渐出现了一些不规范的办学行为，致使民办高校的社会声誉受到严重损害。

直到 1993 年《民办高等学校设置暂行规定》的颁布，其第七条明确规定"民办高等学校不得以营利为办学宗旨"。随后 1995 年的《教育法》第二十五条也明确规定"任何组织和个人不得以营利为目的举办学校及其他教育机构"。1997 年的《社会力量办学条例》第六条和第五条也分别明确指出"社会力量举办教育机构，不得以营利为目的"；"国家严格控制社会力量举办高等教育机构"。1998 年的《高等教育法》第二十四条也规定"设立高等学校，应当符合国家高等教育发展规划，符合国家利益和社会公共利益，不得以营利为目的"，这一阶段一系列的"不得以营利为目的"和"严格控制"的政策规定严重限制了民办高等教育的发展空间，并且导致应然的"不营利"与实然的"营利"之间的矛盾与冲突。"限制"成为此阶段的政策基调。

1999 年以后，"规范"成为新的政策基调。1998 年的《面向 21 世纪教育振兴行动计划》第四十条明确提出"社会力量办学要纳入依法办学、依法管理的轨道"。同年的《中共中央　国务院关于深化教育改革全面推进素质教育的决定》第十二条强调指出"各级人民政府要加强对民办教育的管理、引导和监督，国家要加快民办教育的立法，促进民办教育的健康发展。各级各类民办学校都要依法办学，不断提高办学水平"。2003 年的《民办教育促进法》第三条则明确规定"国家对民办教育实行积极鼓励、大力支持、正确引导、依法管理的方针。各级人民政府应当将民办教育事业纳入国民经济和社会发展规划"。2004 年的《民办教育促进法实施条例》更为详细具体地对民办教育办学行为进行规范性规定。2007 年的《民办高等学校办学管理若干规定》则是更为专门针对民办高校办学管理提出了准则性的规定。一系列政策文本充分体现出此阶段"规范"的基本基调。此外，从政策文本的用词也可充分看出，《民办教育促进法》全文共有 5511 字，其中行文用词"应当"二字共计 36 次；《民办教育促进法实施条例》全文共 6419 字，其中行文用词"应当"二字共计 47 次；《国务院办公厅关于加强民办高校规范管理引导民办高等教育健康发展的通知》全文共计 2900 余字，其中用词"规范"共计 12 次，"必须"共计 6 次；《民办高等学校办学管理若干规定》全文共计 3488 字，其中行文用词"应当"二字共计 22 次。

任何教育政策变迁都是一个动态的、连续的发展过程。当政策环境发展变化，政策内容必须随之进行调整与完善，否则将不能适应教育发展的需求，甚至可能阻碍其发展。2010 年的《国家中长期教育改革和发展规划纲要（2010—2020 年）》的颁布实施是"我国民办高等教育政策从'规范'向'扶持'转型的分水岭"①。作为一个指导我国未来一段时间教育改革和发展的纲领性文件，《国家中长期教育改革和发展规划纲要（2010—2020 年）》中多处内容体现对民办高等教育的扶持。正如《国家中长期教育改革和发展规划纲要（2010—2020 年）》第四十三条提出的"大力支持民办教育。民办教育是教育事业发展的重要增长点和促进教育改革的重要力量。各级政府要把发展民办教育作为重要工作职责，鼓励出资、捐资办学，促进社会力量以独立举办、共同举办等多种形式兴办教育"，还指出"清理并纠正对民办学校的各类歧视政策"，"制定完善促进民办教育发展的优惠政策"，"健全公共财政对民办教育的扶持政策"；第四十四条提出"依法管理民办教育"。这是首次将民办教育的重要地位和作用进行强调指出，并且是在具有全局性和战略性的纲领性文件中进行规定，可见此阶段政策对民办高等教育"扶持"的明显倾向。2010 年的《国务院关于鼓励和引导民间投资健康发展的若干意见》（以下简称《若干意见》）也体现出政策的"扶持"导向，其中就指出"支持民间资本兴办高等学校"，"修改完善《中华人民共和国民办教育促进法实施条例》，落实对民办学校的人才鼓励政策和公共财政资助政策，加快制定和完善促进民办教育发展的金融、产权和社保等政策"。2012 年的《教育部关于鼓励和引导民间资金进入教育领域促进民办教育健康发展的实施意见》（以下简称《实施意见》）也明确指出"支持高水平有特色民办学校建设。扶持和资助民办学校提高管理水平，加强教师队伍建设，建立民办学校与公办学校共享优质教育资源的机制"，其中再次强调"清理并纠正对民办学校的各类歧视政策"；"各级教育行政部门在自查自纠基础上，积极协调相关部门，重点清理纠正教育、财政、税收、金融、土地、建设、社会保障等方面不利于民办教育发展的政策"；"完善促进民办教育发展的政策"。以上政策文本内容体现了国家对发展民办教育"扶持"的新路径。由此可见，我国民办高等教育政策基调实现了"合法—限制—规范—扶持"的良好转型。

四、政策内容赋予和加强民办高等教育的合法性

"在各种层次、各种类别的教育中，在教育发展的不同阶段与不同时期，教育政策总是或强或弱、或显性或隐性地左右着教育的改革和发展。"② 任何一项教育政策都包含了该项教育改革与发展的基本方向、目标和路径。从我国民办高等教育发展历程来看，政策对民办高等教育的可持续健康发展发挥了有利的推动作用。没有政策的规范与引导，民办高等教育就不会有今天的发展成就。有学者认为，在我国，主要是作为政策决策主体的政府掌握了教育资源及其配置权，因而政策决定着民办高校发展的规模、层次和水平③。具体而言，民办高等教育政策在实践中主要取得了以下 3 个方面的成绩。

① 徐绪卿，王一涛. 论我国民办高等教育政策从"规范"向"扶持"的转型[J]. 高等教育研究，2013（8）：46.
② 张乐天. 教育政策法规的理论与实践[M]. 上海：华东师范大学出版社，2002：1.
③ 徐绪卿. 我国民办高校内部管理体制改革和创新研究[M]. 北京：中国社会科学出版社，2012：36.

中华人民共和国成立之初，由于丧失办学的合法性，我国民办高等教育暂时退出了高等教育舞台，沉寂了近 30 年。直到改革开放以后，经济体制改革的启动，人才的大量需求，大众对高等教育的渴望，民办高校在社会强烈的需求之下重新兴起。但基于当时的政治形势，且一直以来公办高校的发展可谓一枝独秀，民办高校难有发展的空间。20 世纪 80 年代初期，由于公办高等教育资源的匮乏不能满足高等教育的需求，民办高等教育获得了一种事实上的认可，被认为发挥了"拾遗补阙"的作用，但是事实上的存在不能忽略形式上合法性的欠缺。在民办高校合法性问题的迫切诉求之下，1982 年颁布的《宪法》第十九条明确提出"国家鼓励集体经济组织、国家企业事业组织和其他社会力量依照法律规定举办各种教育事业"，从而从国家政策层面赋予了民办高等教育办学的合法性。虽然获得了合法性，但实际上 20 世纪 80 年代的民办高校办学层次非常低，多以助学和主考的方式生存。1987 年颁布的《关于社会力量办学的若干暂行规定》第三条指出"社会力量办学是我国教育事业的组成部分，是国家办学的补充。各级人民政府及教育行政部门应鼓励和支持社会力量举办各种教育事业，维护学校正当权益，保护办学积极性"。此后，《民办高等学校设置暂行规定》第一条也明确提出"民办高等学校是我国高等教育事业的组成部分"，使民办高校纳入高等教育事业之中，为其发展清除了政策的羁绊，让民办高等教育的办学有章可循、有法可依。同年，我国开始在部分省市试点进行高等教育"国家学历文凭考试"工作，而这部分工作主要由民办高等教育机构来承担。以此为契机，当时的部分民办高校实现了从非学历教育向学历教育的转变，办学层次得到了显著的提升。"到停止这项试点为止，全国高等教育学历文凭考试试点学校共有 370 余所，占非学历高等教育机构的 29.8%，在校生 30 余万人，为社会培养了几十万名具有专科学历的人才。"[①] 总体来看，进入 20 世纪 90 年代之后，民办高等教育在数量和办学层次上均获得了较快的发展。但是在 1999 年之前，我国民办高等教育的办学范围仍然受到政策的羁绊，换言之，依然存在合法性问题。直到《面向 21 世纪教育振兴行动计划》《中共中央 国务院关于深化教育改革全面推进素质教育的决定》《民办教育促进法》等重要政策陆续颁布实施之后，民办高等教育的合法性才得到进一步的巩固。尤其是《民办教育促进法》（2002 年发布）第三条所指出的"民办教育事业属于公益性事业，是社会主义教育事业的组成部分"；"各级人民政府应当将民办教育事业纳入国民经济和社会发展规划"，以政策文本的形式确立了民办高等教育作为我国高等教育事业中不可或缺的重要组成部分。在《民办教育促进法》颁布 8 年之后，即 2010 年颁布的《国家中长期教育改革和发展规划纲要（2010—2020 年）》，更为明晰地确定"民办教育是教育事业发展的重要增长点和促进教育改革的重要力量。各级政府要把发展民办教育作为重要工作职责"，其中用 3 个"重要"进一步加强民办教育的合法性，使民办高等教育成为我国高等教育事业的重要组成部分。教育部统计数据显示，到 2013 年，我国民办普通高校共计 717 所，其中民办本科院校 392 所（含独立学院 292 所）；民办成人高等学校 1 所；民办的其他高等教育机构 802 所。教职工数达 398 400 人，在校生

① 汤保梅. 中国民办高等教育发展的历史与现状[J]. 黄河科技大学学报，2006（1）：18-24.

人数达 5 575 218 人，毕业生人数达 1 332 720 人。[①] 可见，政策从赋予到不断巩固民办高等教育合法性的过程也正是民办高等教育在我国高等教育事业发展中从"拾遗补阙"到"重要力量"的变化过程。

五、政策实施引导和规范民办高等教育实践

教育政策为教育活动提供一种行动的标准，规范着教育实践活动。民办高等教育政策为民办高等教育的发展提供了行动标准，引导和规范着民办高校的办学行为。改革开放至今的民办高等教育政策中，有 3 项直接涉及民办高等教育办学的政策对民办高校规范管理做出了翔实的规定，分别是 1993 年 8 月 17 日发布的《民办高等学校设置暂行规定》、2006 年 12 月 21 日发布的《国务院办公厅关于加强民办高校规范管理引导民办高等教育健康发展的通知》、2007 年 2 月 3 日发布的《民办高等学校办学管理若干规定》。作为第一项政策的《民办高等学校设置暂行规定》，其内容涉及民办高校的设置申请、评议审批、设置标准、管理、变更及调整。在当时民办高校不断兴起的背景下，这有效地解决了民办高等教育发展初期的设置问题，对规范初期办学行为起到了积极作用。进入 21 世纪，随着民办高等教育办学规模的不断扩大，民办高校办学行为中的诸多问题有待政策的约束与指导。为了加强民办高校规范管理，引导民办高等教育健康发展，国务院办公厅发布了《国务院办公厅关于加强民办高校规范管理引导民办高等教育健康发展的通知》，内容涉及 4 部分，即充分认识加强民办高校规范管理的重要性和紧迫性、依法规范民办高校办学行为和内部管理、依法落实民办高校有关扶持政策、切实加强对民办高校规范管理工作的领导，从理论到实践加强对民办高校管理的规范和引导。而《民办高等学校办学管理若干规定》则具体对民办高校的办学管理提供了较为详细的行动准则，其中明确指出国务院教育行政部门、举办者、民办高校、学生、教师等各方的权利与义务；特别提出了"建立对民办高校的督导制度"，并对督导专员职权进行明确规定；规定实行年度检查制度和年度检查的内容；建立健全办学过程监控机制；明确了办学违规行为的处罚标准。如对民办高校提出"资产过户"的要求，《民办高等学校办学管理若干规定》第七条明确指出"民办高校的资产必须于批准设立之日起 1 年内过户到学校名下。本规定下发前资产未过户到学校名下的，自本规定下发之日起 1 年内完成过户工作。资产未过户到学校名下前，举办者对学校债务承担连带责任"，第三十条进一步规定"学校资产不按期过户的，由省级教育行政部门责令改正；并可给予 1 至 3 万元的罚款、减少招生计划或者暂停招生的处罚"。这项政策内容规范了民办高校的资产运作，在很大程度上解决了民办高校产权虚置的问题，有利于民办高校产权制度的建立，这在一定程度上保障了民办高校办学的稳定性。目前，国家对民办高校的监管体系逐渐完善，并且显现出良好的成效。对民办高校实行年检、向民办高校派驻党委书记、民办高校领导任用替换实行报批制度等具体措施的实施，使政府能够有效掌控民办高校的办学行为，也使规范办学成为多数民办高校的自觉行为。在监管体系不断完善的同时，规范办学的自觉行为也促使民办高校内部管理体制的不断健全，如法人治理结构的完善、董事

---

① 根据教育部 2013 年教育统计数据整理。

长与校长之间的明确分工，以及教代会、工会、学术委员会等组织的建立并发挥一定的监督和决策职能等。民办高等教育政策内容的日臻完善，使民办高校的举办者越发认识到规范办学的必要性与重要性。

此外，民办高等教育营利与公益的问题一直是改革开放至今的民办高等教育一系列政策内容的焦点，这也是政策规范和引导任务的重要方面。1993 年的《民办高等学校设置暂行规定》第七条指出"民办高等学校不得以营利为办学宗旨"；1997 年的《社会力量办学条例》第六条也指出"社会力量举办教育机构，不得以营利为目的"；2002 年的《民办教育促进法》第三条指出"民办教育事业属于公益性事业，是社会主义教育事业的组成部分"；2007 年的《民办高等学校办学管理若干规定》第二条也指出民办高校及其举办者应当"坚持社会主义办学方向和教育公益性原则，保证教育质量"；2010 年的《国家中长期教育改革和发展规划纲要（2010—2020 年）》第四十二条则强调"坚持教育公益性原则，健全政府主导、社会参与、办学主体多元、办学形式多样、充满生机活力的办学体制，形成以政府办学为主体、全社会积极参与、公办教育和民办教育共同发展的格局"，平等对待民办高等教育与公办高等教育，并要求坚持教育的公益性。从以上政策内容的变化可见，《民办教育促进法》颁布之前，政策是以"不营利"为要求对民办高校进行规范管理；而颁布之后，政策避开敏感的"营利"二字，行文用"公益"来淡化一贯对民办高等教育的"营利"认识，以强调"坚持教育公益性"来对民办高等教育发展进行合理的规范和引导。正是有了政策的规范与引导，民办高校的管理才真正步入依法治教的轨道。

第二节　当前民办高等教育政策发展存在的主要问题

改革开放之后，通过颁布和实施《宪法》《教育法》《社会力量办学条例》《民办教育促进法》等一系列政策法规，民办高等教育取得了合法办学的地位，并逐渐发展成为高等教育发展的生力军。良好的政策会促进教育的良性发展；反之，不良的政策会阻碍教育的健康发展。这已被诸多教育实践所证明。改革开放至今的民办高等教育政策为民办高校发展提供了一种规范性和引导性的行动标准，这种行动标准也是动态的，主要表现为政策的不断调整与完善。对民办高等教育发展实践的问题进行反思将有助于进一步审视民办高等教育政策发展中存在的问题。在不断调整与完善的政策规约和促进下，当前我国民办高等教育仍然暴露出一些问题。

首先，规模小且实力弱，导致后劲不足。我国民办高校从零起步、由小到大，已初步形成一定的办学规模和办学实力，但至今尚无可与公办名校并驾齐驱的民办名校，难以产生品牌效应。由于管理体制不顺畅，管理职权界限不明确，在规模逐渐扩大的背景下民办高校的无序状态更为明显。而我国现阶段经济发展势头强劲，对教育消费的需求也日益增长，且教育卖方市场主要体现在高等教育领域。在这种不可抗拒的发展潮流中，民办高等教育发展的后劲令人担忧。

其次，经费缺且来源少，造成保障不力。经费是民办高等教育发展的一个重要条件，是关系到民办高校生存的基本前提。时至今日，我国民办高等教育机构主要靠学费支撑办学，走的是一条以学养学的发展道路。但学费收费标准一刀切，培养成本重，通过盈余自身滚动发展难以实现。尽管国家和政府部门对于民办高校的资助已经开始，但资助政策不明确，实际工作中落实困难。从我国教育性财政经费不足的现状来看，民办高校还必须在办学经费来源上多思考多探索，以缓解经费不足的危机。

最后，逐利急且理念偏，致使问题丛生。我国民办高等教育崛起于 20 世纪 80 年代，当时条件下高等教育的供给不足为其提供了天然机遇。许多办学者主要出于利润刺激而投入民办高等教育，对教育产业的理解存在诸多偏颇，不少人认为教育要办成产业，办成产业就要追求利润，营利成为硬指标。办学理念的偏颇导致民办高等教育严重偏离高等教育发展规律，陷入盲目扩大招生规模、经费来源不稳定、经费管理不善、办学质量下降、招生效果不理想的困境，严重影响民办高校的生存与发展。

显然，政策成为如何解决上述问题的重要手段。只有更为有效的民办高等教育政策，才能促进民办高等教育的健康有序发展。而审视其政策自身存在的问题能够为不断调整与完善民办高等教育政策提供实践依据。基于第二章至第五章对改革开放至今的民办高等教育政策变迁历程的系统梳理与详细阐述和其政策变迁动因的解析，本书认为，民办高等教育政策发展存在的主要问题包括以下 4 个方面：其一，政策内容不明确；其二，政策主体中政府角色定位不恰当；其三，政策执行效果不理想；其四，政策模型转变缓慢"[1]。

一、政策内容不明确影响民办高等教育的规范管理

"教育政策的现象形态是教育政策的表面形式——政策文本。在形成教育政策文本的过程中，教育政策主体往往把教育政策所表达的实质性内容隐含在不同格式的合法化的文本之中，通过人们对文本的理解和遵守而达到自己的目的。"[2] 在我国民办高等教育政策体系中，政策文本的模糊性尤为突出，主要体现在对某些规定的笼统表述方面，这对政策出台后的可操作性与有效性产生重要的影响。从我国改革开放以来的一系列民办高等教育政策来看，其政策文本的模糊性一直困扰着民办高校的办学实践，甚至严重影响了民办高校办学者的积极性与主动性的发挥，不利于民办高校的繁荣发展，当然也不利于民办高校与公办高校共同发展的格局建立。

1. 称谓使用不明确

在我国改革开放至今的民办高等教育政策文本中，"社会力量"和"民办"的称谓交叉使用，存在表述上的不明确。1982 年 12 月通过的《宪法》不仅是我国的根本大法，也是民办高等教育政策体系中的基本法。该法第十九条提出"国家鼓励集体经济组织、国家企业事业组织和其他社会力量依照法律规定举办各种教育事业"，第一次使用"社

① 罗腊梅，王德清. 我国民办高等教育存在问题与应对之策[N]. 光明日报，2014-11-02（7）.
② 刘复兴. 教育政策的四重视角[J]. 清华大学教育研究，2002（4）：15.

会力量"这一称谓。对于"民办"称谓的最早正式提出是在 1992 年召开的十四大报告中，该报告指出"要改变国家包办教育的局面，支持和鼓励民间办学"，首次提出了"民间办学"的概念。而从一系列教育政策来看，最早出现"民办"二字是在《民办高等学校设置暂行规定》之中。该规定第二条将"民办高等学校"明确界定为"除国家机关和国有企业事业组织以外的各种社会组织以及公民个人，自筹资金，依照本规定设立的实施高等学历教育的教育机构"。自此，"民办"二字开始出现在各项教育政策文本之中。但是到 1997 年，作为一系列社会力量办学相关规定中影响最大的《社会力量办学条例》颁布，其中仍然使用了"社会力量"的称谓。由此，"社会力量"与"民办"的称谓问题引起了一番争论。1998 年颁布的《高等教育法》也仍然使用"社会力量"称谓，该法第三十九条提出"社会力量举办的高等学校的内部管理体制按照国家有关社会力量办学的规定确定"。而 1999 年之后，各项教育政策文本中出现了"社会力量"与"民办"两种称谓同时使用的情况。1998 年制定的《面向 21 世纪教育振兴行动计划》第三十九条规定要"认真贯彻国务院对于社会力量办学实行'积极鼓励，大力支持，正确引导，加强管理'的方针，今后 3～5 年，基本形成以政府办学为主体、社会各界共同参与、公办学校和民办学校共同发展的办学体制"；第四十条提出"社会力量办学要纳入依法办学、依法管理的轨道"。同年发布的《中共中央　国务院关于深化教育改革全面推进素质教育的决定》第十二条也指出"进一步解放思想、转变观念，积极鼓励和支持社会力量以多种形式办学，满足人民群众日益增长的教育需求，形成以政府办学为主体、公办学校和民办学校共同发展的格局"；"在发展民办教育方面迈出更大的步伐"；"经国家教育行政主管部门批准，可以举办民办普通高等学校"；"各级人民政府要加强对民办教育的管理、引导和监督，国家要加快民办教育的立法，促进民办教育的健康发展"。2002 年和 2004 年，《民办教育促进法》和《民办教育促进法实施条例》相继出台实施，"社会力量"这一称谓被"民办"二字替代。《民办教育促进法》实施的同时，《社会力量办学条例》被废止，"民办教育"这一称谓正式取代"社会力量办学"。然而，自 1982 年《宪法》赋予民办教育合法性至 2002 年《民办教育促进法》颁布，用了整整 20 年的时间才解决了称谓问题。

2. 法律定位不准确

伴随我国政治体制改革的稳步推进、市场经济体制的逐步完善、教育体制改革的逐渐加快，民办高等教育的地位和性质的界定也有所变化。对政府而言，以政策的形式明晰民办高等教育的法律定位是一项重要任务。综观民办高等教育政策中对于民办高等教育地位与性质的模糊规定，一定程度上挫伤了民办高等教育举办者的自信心及投资办学的积极性。在我国民办高等教育政策体系中，多项政策法规对民办高等教育的地位与性质做出了一定程度的定位，主要有《民办高等学校设置暂行规定》（1993 年发布）、《社会力量办学条例》（1997 年发布）、《民办教育促进法》（2002 年发布）、《民办高等学校办学管理若干规定》（2007 年发布）和《国家中长期教育改革和发展规划纲要（2010—2020 年）》（2010 年发布）。《民办高等学校设置暂行规定》第一条首次对民办高等教育给出了法律的定位："民办高等学校是我国高等教育事业的组成部分。"《社会力量办学条例》第三条也定位为"社会力量办学事业是社会主义教育事业的组成部分。各级人民政府应当加强对社会力量办学工作的领导,将社会力量办学事业纳入国民经济和社会发展规划。《民办教育促进法》第三条则更为明晰界定"民办教育事业属于公益性事业,是社会主义教育事业的组成部分";"各级人民政府应当将民办教育事业纳入国民经济和社会发展规划"。《民办高等学校办学管理若干规定》第三条对民办高等教育虽然未给出直接的定位,但是明确要求"教育行政部门应当将民办高等教育纳入教育事业发展规划"。《国家中长期教育改革和发展规划纲要(2010—2020 年)》第四十三条则确立"民办教育是教育事业发展的重要增长点和促进教育改革的重要力量"。从对民办高等教育的定位的这些政策法规可见,民办高等教育是"不得以营利为目的",是为社会提供公共产品和以实现社会效益为目标的教育事业。然而,在市场经济体制下,民办高等教育自产生以来由于投资办学的特殊性、资本先天的逐利性,民办高等教育举办者的办学动机主要是对经济利益的追求。《教育法》和《高等教育法》均对教育机构营利问题做出了原则性的规定,其中《教育法》第二十五条指出"任何组织和个人不得以营利为目的举办学校及其他教育机构",《高等教育法》第二十四条则对高等学校,当然包含民办高校,做出了强制性规定"设立高等学校,应当符合国家高等教育发展规划,符合国家利益和社会公共利益,不得以营利为目的"。民办高等教育不得以营利为目的,属于非营利性组织。显然,政策的"不营利"与民办高等教育先天的"逐利性"之间存在着本质的矛盾,且这种矛盾是无法调和的。在这种矛盾备受政府、民办高校、社会多元政策主体的关注下,《民办教育促进法》首度使用"合理回报"来回避"营利"这一敏感议题。直到《国家中长期教育改革和发展规划纲要(2010—2020 年)》才尝试性地提出"积极探索营利性和非营利性民办学校分类管理"[①],不能否认这从政策上肯定了营利性民办高校存在的合法性。由此可以看出,民办高等教育的法律定位经历了一个较为模糊的发展过程,遏制其营利性的特性的结果是办学投资的热情降低,办学投资的信心减弱,势必影响民办高等教育办学规模和办学质量的提升。

3. 产权规定不明晰

"产权即'财产权利',有广义与狭义之分。法学一般侧重于狭义的产权,主要指物权,亦称财产所有权。如我国《民法通则》中使用'财产所有权',且是与'债权''知识产权''人身权'等并列的概念。而经济学中的'产权'则是广义的产权,不仅从物权扩大到债权、股权、知识产权等,而且扩大到所有交易中的权利,是一种权利约束,其中物权即所有权是一切其他财产权利的基础。"[②] 广义的经济学产权对理解民办高校的产权问题具有更大的意义。有学者对民办高校的产权做出了这样的理解:"由民办高校的财产所有权、使用权、收益权、处分权以及与财产所有权有关的其他财产权利所构成的一组权利束,其基本内容包括产权主体对财产的权力或职能以及产权对产权主体的

---

① 《国家中长期教育改革和发展规划纲要(2010—2020 年)》(2010 年发布)第四十四条。
② 阙海宝. 民办高校产权制度研究[D]. 成都:四川大学,2006:10.

效用或带来的好处，即权能和利益两个部分"①。在我国一系列涉及民办高等教育的政策之中，多项政策对民办高校的产权问题做出了规定，主要有《社会力量办学条例》（1997年发布）、《民办教育促进法》（2002 年发布）、《民办教育促进法实施条例》（2004 年发布）、《民办高等学校办学管理若干规定》（2007 年发布）。《社会力量办学条例》第三十六条、第三十七条、第四十三条均对民办高校的产权问题做出了规定②。这些规定虽然赋予了民办高校举办者对其投入部分的资产享有的法人财产权，但这种所有权只能在学校解散之时才有可能重新获得。"由于对民办高校财产权的规定存在残缺，即产权界定不周全、产权模糊和产权配置不当等造成现实中存在的权利与责任和利益的缺失、不清楚和不对称等。"③

4. 营利问题的刻意回避

从改革开放至今的民办高等教育政策发展历程来看，民办高校的营利与非营利问题大致经历了 3 个阶段，即从政策规定之"不得用于分配"到"取得合理回报"，再到"营利性与非营利的分类管理试点"的逐渐正视营利问题的过程。1997 年颁布的《社会力量办学条例》第三十七条规定："教育机构的积累只能用于增加教育投入和改善办学条件，不得用于分配，不得用于校外投资。"显然，这一规定完全否定民办高校的投资者获取"回报"的问题，是对民办高校营利问题的回避。2002 年 10 月 24 日，在《民办教育促进法（草案）》中，"合理回报"的内容在初审过程中被删掉，可见投资者的"回报"问题仍然是敏感且被回避的议题。而在 2002 年 12 月召开的第九届全国人大常委会第三十一次会议上，"取得合理回报的具体办法由国务院规定"的内容被替换为"取得合理回报的办法由省、自治区、直辖市制定"。但是 2003 年 9 月 1 日正式实施的《民办教育促进法》的第五十一条最终明确规定："民办学校在扣除办学成本、预留发展基金以及按照国家有关规定提取其他的必需的费用后，出资人可以从办学结余中取得合理回报。取得合理回报的具体办法由国务院规定。""合理回报"被正式提出，但是折射出政府的良苦用心，既不违背宪法和教育法等上位法的基本原则，又力图满足民办高校投资办学者的经济利益追求，巧妙使用"回报"，并以"合理"二字进行界定，归属于第七章关于扶持与奖励的内容。换言之，民办高校的举办者获取"合理回报"是合法的，属于一种扶持与奖励的范畴。这种"合理回报"是按政策规定的条件来获取的，与投资办学者的投入资金和所占比例无关。这样的"合理回报"与办学投资的先天"逐利性"存在本质

---

① 方铭琳. 民办高校产权明晰的法律保护[J]. 高等教育研究，2005（8）：58.

② 《社会力量办学条例》（1997 年发布）：

第三十六条　教育机构在存续期间，可以依法管理和使用其财产，但是不得转让或者用于担保。任何组织和个人不得侵占教育机构的财产。

第三十七条　教育机构应当确定各类人员的工资福利开支占经常办学费用的比例，报审批机关备案。教育机构的积累只能用于增加教育投入和改善办学条件，不得用于分配，不得用于校外投资。

第四十三条　教育机构解散，应当依法进行财产清算。教育机构清算时，应当首先支付所欠教职员工的工资及社会保险费用；教育机构清算后的剩余财产，返还或者折价返还举办者的投入后，其余部分由审批机关统筹安排，用于发展社会力量办学事业。

③ 方铭琳. 民办高校产权明晰的法律保护[J]. 高等教育研究，2005（8）：59.

的区别，前者是可遇而不可求的，而后者是与生俱来的。办学投资的资金被限定在原始投资的水平，无法随校产增值的办学累积而增加；反而原始投资资金会因办学不顺利而减少。"合理回报"的提出仍然是对民办高校营利问题的刻意回避。当然也不能否认，"合理回报"的提出充分体现了政策内容的创新与突破。在教育营利问题上，《教育法》第二十五条明确规定"任何组织与个人不得以营利为目的举办学校及其他教育机构"。正因为这一上位法"不得以营利为目的"的规定，《民办教育促进法》的出台经历了数次激烈的争论与多番审议，最终提出"合理回报"的规定。这在一定程度上提高了民办高等教育办学者的信心和决心，调动了其投资办学的积极性。

从"合理回报"问题的争论来看，"投资回报"或"资本回报"等概念不断出现。民办高等教育的营利性与资本的逐利性被混淆，尤其是一些民办高校的举办者利用"合理回报"掩盖其牟取暴利的行径。因此，"合理回报"显然无法阐释清楚民办高等教育的公益性与其营利性之间的应然关系，也不能有效解决教育的非营利性与资本的逐利性之间的矛盾。民办高校的营利问题成为发展民办高等教育的一个无法回避的重要议题。2010年，《国家中长期教育改革和发展规划纲要（2010—2020年）》颁布实施，其中第十四章关于办学体制改革内容中明确提出"开展对营利性和非营利性民办学校分类管理试点"，首次正式认同民办高校存在"营利性"和"非营利性"两种类型。因此，从《宪法》赋予民办高校合法地位至《国家中长期教育改革和发展规划纲要（2010—2020年）》的制定，经历了20年的时间，民办高校的营利问题才得到较为正面的回应，从立法上界定民办高校存在营利性和非营利性两大类型，但是至今分类管理仍处于试点阶段，尚无关于分类管理的具体政策规定。

二、政策主体中政府角色定位不恰当制约民办高等教育的持续发展

改革开放至今的民办高等教育从兴起到不断扩大规模的进程中，政府与民办高校产生了一种不可脱离的关系，而且越来越复杂与紧密。无论国内还是国外，政府与大学之间的关系都长期备受关注。"尽管大学为维护其独立与自主，从来没有停止过对政府介入的抗拒，但政治、经济、文化乃至大学自身的变化无可避免地推动着政府对大学的渗透"。① 整体而言，政府与大学之间的关系呈现出不断复杂化的趋势。"政府责任是政府作为公共权力的代表，对公民应该切实履行的义务和承担的职责，其责任体系应是政治责任、法律责任和道德责任的统一。"② 在我国，民办高等教育政策体系不断形成的过程中，作为决策主体的政府，其角色的转变不仅是民办高等教育政策改革与发展的必然要求，也是政府自身的本质要求。但是，我们应当承认，政府与民办高校之间确实存在关系上的失调。而这种关系的失调主要源于政府角色定位的不恰当，从而导致政府政策的摇摆，一定程度上制约了民办高等教育的发展。民办高等教育场域中的政府角色定位不恰当主要体现为政府角色的"越位"与"缺位"。

首先，政府角色的"越位"主要表现为政府干预多于调控、控制多于监督。高等教

① 李爱良. 政府与民办高等教育应然关系的建构[J]. 黑龙江高教研究，2007（3）：39.
② 郑扬波. 试论当下我国民办高等教育发展过程中的政府责任：基于治理的视角[J]. 继续教育研究，2010（11）：72.

育产权属性问题一直是学术界和社会关注的焦点与热点。对公办高校来说，政府作为所有者，有权对公办高校实施直接干预。虽然这种较多的直接干预可能受到公办高校一定程度的抵制，并促使管理体制不断改革，但是这不能改变政府对公办高校采用行政手段实施直接干预的现实。对民办高校而言，其举办者拥有合法的所有权，应当具有民办高校的办学自主权。正如《社会力量办学条例》（1997 年发布）第八条规定"社会力量举办的教育机构依法享有办学自主权"；《民办教育促进法》（2002 年发布）第五条也规定"民办学校与公办学校具有同等的法律地位，国家保障民办学校的办学自主权"；《国家中长期教育改革和发展规划纲要（2010—2020 年）》第四十三条也规定"依法落实民办学校、学生、教师与公办学校、学生、教师平等的法律地位，保障民办学校办学自主权"。由此可见，民办高等教育紧密相关的多项政策中对民办高校办学自主权均做出了明确的规定。《高等教育法》和《民办教育促进法》均明确指出保障民办学校的办学自主权，并界定为法人财产权、教育教学权、教师管理权、学生管理权、招生权等，对于学费定价权、专业设置权、学位授予权、招生自主权也做出了相应的规定。《民办教育促进法实施条例》第三十条规定"实施高等学历教育的民办学校符合学位授予条件的，依照有关法律、行政法规的规定经审批同意后，可以获得相应的学位授予资格"，这就意味着民办高校须经过行政审批合格后才可获得学位授予权，而未经审批的民办高校学生则必须通过国家考试方能获得学历。这样的规定不仅制约民办高校的招生，而且致使民办高校学生成为"应试教育"的牺牲品，阻碍民办高校实现质量与特色的发展。在市场经济条件下，国家应该完全打破国家学历资格认可制度，改变政府对民办高校学历学位授予权的严格管制，允许具备办学条件且依法办学的民办高校自主颁发学历，让市场来确定文凭的价值和民办高校的前途。而目前仅是《独立学院设置与管理办法》（2008 年发布）第三十八条明确提出"独立学院对学习期满且成绩合格的学生，颁发毕业证书，并以独立学院名称具印。独立学院按照国家有关规定申请取得学士学位授予资格，对符合条件的学生颁发独立学院的学士学位证书"，这是走出国家垄断教育核心资源的重要一步。但仅对独立学院学士学位授予权做出规定反映出政府在打破现有国家学历体制上的迟缓与犹豫，并未能充分赋予民办高校办学自主权。没有真正的办学自主权，显然有碍于民办高校自我发展机制的建立，从而制约民办高等教育事业的发展。

由于政府并非民办高校的出资人，政府的角色定位应该是服务者，为民办高等教育事业的改革与发展提供宏观层面的调控服务。然而，政府对民办高等教育事业行使着所有者的权利，导致其角色的"越位"。虽然《社会力量办学条例》（1997 年发布）第十条规定"社会力量举办的教育机构及其教师和学生依法享有与国家举办的教育机构及其教师和学生平等的法律地位"，但是该条例第五条和第六条分别指出"国家严格控制社会力量举办高等教育机构"，"社会力量举办教育机构，不得以营利为目的"。"不得以营利为目的"的规定实质上是政府复制公办高等教育管理的一种明显表现，用公办高等教育的不营利的特征来要求民办高等教育，显然是不合理、不公平的。这种复制还表现在招生计划、专业设置、课程安排等方面照搬公办高等教育的管理制度，影响民办高校办学自主权的发挥，也影响民办高校走特色办学、质量兴校的发展道路。

　　改革开放以来，政府与民办高校之间关系的变化过程就是政府角色定位不断变化的过程。伯顿·R. 克拉克（Burton R. Clark）把政府与大学之间的关系分为两类：国家控制模式和国家监督模式①。控制与监督两种模式体现出刚性与柔性管理的不同。当然两种管理模式各有优势与劣势。随着新公共管理理论和治理理论逐渐引入教育领域，在西方国家的高等教育管理中，政府职能已经完成从"控制"向"监督"的转变。但是在我国，政府与民办高校之间的关系在很大程度上长期处于控制与被控制的刚性管理状态。"对政府而言，其对待民办高等教育的'别人的孩子'或者'抱来的孩子'的心态，导致其可能采取追求享有权利，却不愿担当责任的博弈策略。"② 这实质上是政府有权轻责的表现，导致的就是政府角色的"越位"。政府的角色主要是"控制者"，逾越了其本应担当的"监督者"，大量运用行政手段对民办高等教育进行直接调控。这种直接调控极大地限制了民办高等教育办学的灵活性，消解了与公办高等教育相较存在的灵活优势，从而严重影响了民办高等教育的可持续发展。

　　其次，政府角色的"缺位"主要表现为政府对民办高等教育发展有权轻责和政府对民办与公办高等教育两者的不公平对待。对民办高等教育而言，市场在其发展中的力量是不言而喻的，但是我们并不能否定政府的责任与作用。政府理应肩负起推动民办高等教育发展的重要责任，但事实上，从政府在民办高等教育发展中扮演的角色来看，政府存在责任的缺位，并未很好地承担起自己的责任。这样的缺位严重影响到民办高校举办者对政府的信任和对办学的信心。《民办教育促进法》不仅对民办高等教育作为高等教育体系重要组成部分的地位有了清晰的规定，还赋予民办高等教育与其责任相对应的权利。实际上，政府通过对招生计划、专业设置、课程安排等制定标准采用行政手段掌控了民办高校的办学行为。与此同时，政府并未对民办高等教育承担相应的成本分担责任，给予的财政资助甚微，而民办高等教育肩负起了推动高等教育多样化，实现高等教育大众化、办学主体多元化，创新教育管理体制等重大责任。但是事实上，民办高校的主要权利仅限于其内部的师资管理、部分课程的设置与具体教学管理等方面，这与其承担的重大责任不相符。综观民办高等教育政策发展历程，财政、产权、投资回报等方面的模糊规定长期阻碍着民办高等教育的发展。政府虽然早已意识到这些问题，但是反应却十分缓慢，改进的政策内容含糊不清或不予回应，这严重影响了政策执行的有效性。"民办教育是教育事业发展的重要增长点和促进教育改革的重要力量"③，这是对民办高等教育自改革开放之后的地位与作用的重新认识与评估。两个"重要"要求政府对于民办高等教育发展必须加强责任意识，以对社会和国家负责的态度对待民办高等教育发展的问题。

　　我国的公办高等教育与民办高等教育是在各自的轨道上发展的，并不具备平等竞争的条件。与公办高等教育悠久的历史、深厚的积淀相比，民办高等教育虽然取得了一定

① 伯顿·R 克拉克. 高等教育系统——学术组织的跨国研究[M]. 王承绪，等译. 杭州：杭州大学出版社，1994.
② 李爱良. 政府与民办高等教育应然关系的建构[J]. 黑龙江高教研究，2007（3）：40.
③ 《国家中长期教育改革和发展规划纲要（2010—2020 年）》（2010 年发布）第四十三条.

的办学成绩，但是在办学经费、师资队伍、教学科研、高校文化、社会声誉等多方面均与公办高等教育存在巨大差距。公办高等教育在高等教育体系中占据绝对的优势，掌握着绝对的主导权与话语权；而民办高等教育长期处于相对弱势的地位。无论在办学规模、办学层次还是在办学质量、办学水平方面，我国民办高等教育与公办高等教育均存在巨大差距。要"形成以政府办学为主体、全社会积极参与、公办教育和民办教育共同发展的格局"①，从《社会力量办学条例》至今的各项政策中多次强调"社会力量举办的教育机构及其教师和学生依法享有与国家举办的教育机构及其教师和学生平等的法律地位"②。这就要求政府必须以公正的"裁判者"角色参与到公办与民办高等教育的博弈之中。然而，遗憾的是，事实上，政府很大程度上是以公办高等教育的出资者身份参与到民办高等教育政策的制定与改进过程中的，以公办高等教育发展的标准要求民办高等教育的发展，导致政策对民办高等教育的"不公平"。

三、政策执行效果不理想阻碍民办高等教育的健康发展

改革开放以来，我国相继出台了一系列民办高等教育相关政策，极大缓解了高等教育资源的匮乏，在民办高等教育迅速发展的过程中，民办高校规模扩张尤为突出。高等教育逐渐步入后大众化时代，民办高校在我国高等教育体系中的地位和作用日益突出，成为高等教育事业的重要增长点和高等教育改革的重要力量。但不容忽视的问题是，我国民办高等教育政策体系诸多方面存在不健全、不完善之处，使政策多停留在文本形式上，在实践中难以得到很好落实，致使政策效果不理想，甚至偏离预期政策目标。目前我国民办高等教育政策执行效果不理想主要表现在以下4个方面。

1. 办学自主权政策难以落实

改革开放至今，我国每次全国教育工作大会召开的同时相继颁布了多项重要政策，如《中共中央关于教育体制改革的决定》（1985 年发布）、《中国教育改革和发展纲要》（1993 年发布）、《中共中央 国务院关于深化教育改革全面推进素质教育的决定》（1999 年发布）、《国家中长期教育改革和发展规划纲要（2010—2020 年）》（2010 年发布）。这些政策可以称为我国教育改革和发展规划的纲领性文件，都对高校办学自主权做出了制度安排。"高等学校办学自主权可以理解为，高等学校作为相对独立的教育实体而拥有自我支配、自我约束、自我发展的权利。"③按照《高等教育法》第四章之规定，高等学校的办学自主权包括 8 项，分别是民事权、招生权、学科专业设置权、教学权、科研开发和社会服务权、国际交流合作权、机构设置和人事权、财产管理和使用权。

在高校自主办学权不断扩大与落实的过程中，民办高校的自主办学思想也在逐渐形成。作为改革开放的产物，民办高校的举办者希望民办高校在一种相对宽松的环境中获得更多的办学自主权。从民办高校自身的属性和特点来看，民办高校作为独立的办学实

---

① 《国家中长期教育改革和发展规划纲要（2010—2020 年）》（2010 年发布）第四十二条。
② 《社会力量办学条例》（1997 年发布）。
③ 李晓康. 论我国民办高校办学自主权的落实[J]. 现代教育管理，2009（6）：99.

体也应当享有充分的办学自主权。我们必须充分认识到自主权对民办高校的生存与发展的重要作用。作为独立办学实体和独立法人，民办高校理应享有充分的办学自主权。然而，从目前来看，受之前计划经济体制的影响，教育行政部门在招生计划、招生批次、招生分数、招生区域等方面严格管理，并采用公办高校的统一标准对民办高校的专业设置、教学计划、课程安排等进行规范。民办高校不但没有拥有比公办高校充分的办学自主权，反而自主性空间越发狭窄。作为高等教育体系的成员，根据《宪法》《教育法》《高等教育法》《民办教育促进法》等规定，民办高校应当依法享有与公办高校同样的办学自主权，还应在招生、教育教学、教职工聘任、法人财产和学生管理方面获得更多的自主权。《民办教育促进法》中仅第二十四条和第二十五条规定了民办高校享有的办学自主权范围①，主要限于日常管理权、教职工管理权、学历证书权，但并未明确详细涉及自主设置专业与课程权、自主招生权、自主定价权的规定。就自主设置专业与课程而言，《民办教育促进法实施条例》第二十二条虽然规定"实施高等教育和中等职业技术学历教育的民办学校，可以按照办学宗旨和培养目标，自行设置专业、开设课程，自主选用教材"，但是并未对具体如何自主设置进行较为明确的规定。此外，2012 年教育部制定的《普通高等学校本科专业设置管理规定》对我国高校的专业设置和调整做出规定，当然包括民办高校，实行备案和审批制度，由教育部统一管理。确实备案制的实行，使高校可以申报设置尚未列入《专业目录》的新专业。但是实际上，教育部对高校专业设置的管理依然十分严格，就"2013 年年初，教育部发布的 2012 年普通高等学校本科专业设置备案或审批结果的通知显示，有 60 余所高校的 258 个专业未获教育部批准，仅有 7 个新专业获得批准"②。虽然没有对民办高校专业申报批准的相关统计数据，但是普通高等学校尚且如此，更何谈民办高校。而专业与课程的设置是影响民办高校从招生到就业的整个人才培养过程的重要内容。此外，自主招生权作为直接关系民办高校生源问题的重要权利，是民办高校生存与发展的重要基础。对于自主定价权，虽然教育具有公益性，政府基于社会公平与效益的考虑对民办高校学费标准进行管理是合理的，但是由于投资办学为主的特点，民办高校具有先天的资本逐利性表现，对学费的收取理应享有自主权。因此，进一步加强自主专业和课程设置权、自主招生权和自主定价权的完善与落实是当前民办高等教育政策发展的一项重要任务。

---

① 《民办教育促进法》（2002 年发布）：

第二十四条　民办学校校长负责学校的教育教学和行政管理工作，行使下列职权：

（一）执行学校理事会、董事会或者其他形式决策机构的决定；

（二）实施发展规划，拟订年度工作计划、财务预算和学校规章制度；

（三）聘任和解聘学校工作人员，实施奖惩；

（四）组织教育教学、科学研究活动，保证教育教学质量；

（五）负责学校日常管理工作；

（六）学校理事会、董事会或者其他形式决策机构的其他授权。

第二十五条　民办学校对招收的学生，根据其类别、修业年限、学业成绩，可以根据国家有关规定发给学历证书、结业证书或者培训合格证书。对接受职业技能培训的学生，经政府批准的职业技能鉴定机构鉴定合格的，可以发给国家职业资格证书。

② 巩丽霞. 论高校办学自主权的落实：以民办高校为例[J]. 高教发展与评估，2014（6）：38.

2. 税收优惠政策无法落实

税收问题是体现我国民办高校与公办高校平等法律地位的重要支撑点，是教育公平是否充分体现在民办高等教育发展中的重要因素。但是目前我国民办高校的税收优惠政策在教育实践中难以得到落实。虽然《民办教育促进法》中第四十六条明确规定"民办学校享受国家规定的税收优惠政策"，且《民办教育促进法实施条例》中第三十八条也规定"捐资举办的民办学校和出资人不要求取得合理回报的民办学校，依法享受与公办学校同等的税收及其他优惠政策"，但是根据相关税法规定"凡民办非企业单位都要向国家交纳税款"，民办高校属于应交纳税款的范围。民办高校虽然在投资办学主体上与公办高校存在较大差异，但其教育的公益性属性是不容置疑的。这一政策规定显然与民办高等教育所具有的公益性属性相矛盾，也违背了民办高校依法享有的与公办高校同等的法律地位。而且，我国对教育的税收优惠主要体现在专门的税收法律规定中，如《中华人民共和国增值税暂行条例》《中华人民共和国耕地占用税暂行条例》等。2004 年财政部、国家税务总局联合发布了《财政部 国家税务总局关于教育税收政策的通知》，从四个方面对教育税收的优惠政策进行了规定，较为全面地对教育税收优惠的规定进行了总结。但无论是税收相关的条例，还是教育税收政策的总结，都未对公办高校和民办高校进行区分。此外，按照《民办教育促进法》的规定，民办高校分为出资人要求取得合理回报的和不要求取得合理回报的两大类，由于"取得合理回报"属于"扶持与奖励"的政策范畴，要求取得合理回报的民办高校应作为不营利类型对待。那么，要求取得合理回报的民办高校和不要求取得合理回报的民办高校在本质上同样属于非营利性质的高等教育机构，都依法享有税收优惠权。《民办教育促进法实施条例》第三十八条规定"出资人要求取得合理回报的民办学校享受的税收优惠政策，由国务院财政部门、税务主管部门会同国务院有关行政部门制定"，而捐资举办的民办高校和出资人不要求取得合理回报的民办高校，也依法享有与公办高校同等的国家规定的税收优惠。然而，《民办教育促进法实施条例》颁布于 2004 年，尚无明确的教育税收优惠政策，详细规定出资人要求取得合理回报的民办高校是否与公办高校、捐资举办的民办高校、出资人不要求取得合理回报的民办高校同样或不同的税收优惠，更何谈落实到位。税收优惠问题已经成为当前民办高等教育发展中反映强烈并亟待解决的热点。

3. "合理回报"遭遇尴尬

"合理回报"经过多番努力才得以最终被写入《民办教育促进法》第五十一条之中。1997 年 10 月 1 日《社会力量办学条例》第三十七条指出"教育机构的积累只能用于增加教育投入和改善办学条件，不得用于分配，不得用于校外投资"，这一规定刻意否定了民办教育出资人的"回报"问题。直到 2003 年 9 月 1 日《民办教育促进法》的正式实施，"合理回报"才得以正面肯定，但是"合理回报"在具体实施中确因其模糊性遭遇尴尬。《民办教育促进法》第五十一条规定："民办学校在扣除办学成本、预留发展基金以及按照国家有关规定提取其他的必需的费用后，出资人可以从办学结余中取得合理回报"。显然这项规定过于笼统与模糊。首先要求取得合理回报的出资人举办的民办高校享有的税收优惠政策不明确，这使出资人对于是否要求取得合理回报难以抉择。其次虽然该项规定对于出资人可以取得合理回报提出了相应的条件，要求民办高校在确定出资人取得回报之前提交财务状况和办学质量与水平相关的材料，但是目前政府对于民办高校的资产与财务监管仍处于"缺位"状况，尚无明确的政策规定界定和区分要求取得合理回报的民办高校和不要求取得合理回报的民办高校，以及取得合理回报的实施标准与模式。从《民办教育促进法》（2002 年发布）正式提出"合理回报"之后，《民办教育促进法实施条例》（2004 年发布）和《关于进一步促进民办教育发展的若干意见》（2010年发布）中均重申"合理回报"的重要性，并细化了实施要求，但是《民办教育促进法》（2016 年修正）中未提"合理回报"相关内容。"究其原因，主要是已有政策对'合理回报'的定义、计算方式、相关要素指标以及取得方式等关键问题，缺乏明确和可操作性的规定"[①]。由于"合理回报"政策内容自身的问题，绝大部分民办高校无奈地选择"不要求取得合理回报"。

　　然而，遵循资本的逐利性规律，结合我国民办高等教育的发展实际，"合理回报"政策具有存在的合理性。伴随市场经济体制改革的不断深化，教育所具有的产业属性更加明显。教育产业已经吸引了大量社会资本的投入，而究其根本原因，理应归结于资本的逐利性。换言之，该产业能否产生利润决定着能否吸引到投资。源于此，我国民办教育以"投资办学"为主导。虽然这与国外发达国家"捐资办学"占主导的背景相差甚远，但目前在我国，要倡导"捐资办学"尚缺乏应有的社会和文化土壤，也缺乏相应的政策环境支持。在当前需要更多社会资本投入的形势下，制定民办高等教育政策就应当明晰资本的逐利性特征，依据我国现有的教育实际发展状况，民办高等教育既要实现公益性，也不能有意回避资本的逐利性。事实上，"合理回报"已经淡出民办高等教育政策的内容，取而代之的是对明确的"营利性"问题的探讨，以及"营利性"与"非营利性"民办高校分类管理的具体政策。2016 年 11 月，全国人大常委会表决通过的《民办教育促进法》确立了营利教育机构与非营利教育机构可以并存的局面。法律修改前后的最大变化是，"合理回报"被"分类管理"所取代。这意味着，与以往不同，营利性民办高等教育机构可以在国家许可的范围之内予以合法举办。然而"分类管理"的试点改革过程并非一帆风顺。在分类管理的内涵及相应的配套政策内容并不明确的情况下，民办高等教育机构的举办者对于怎样站位举棋不定，响应者寥寥，造成"分类管理"落实不利。

　　4. 产权政策不明晰

　　"产权明晰，指的是产权归属主体的明确和财产权内容的明确，以及权能量度、范围的界定。"[②]　"民办高校产权主体的明晰，不仅要做到所有权、占有权、收益支配权、使用权四大权利的合理分割与重组，保证产权的充足权能；而且要做到各产权要素内部

---

　　① 李玲，周兴平. 民办学校"合理回报"标准测算及模式探析[J]. 中国教育学刊，2014（10）：50.
　　② 刘诗白. 主体产权论[M]. 北京：经济科技出版社，1998：119.

的相对完整，以便产权分割和重组的各产权要素能独立发挥作用，也就是说，在民办高校产权实现过程中，不同权利主体之间的权、责、利关系是清楚的。产权是否明晰不仅影响个人、社会投资和兴办民办高校的积极性，而且也影响民办高校资源配置效率，影响民办高校校本收益"[1]。通过梳理我国现有关于民办高校产权的政策规定及实践中产生的影响，可以清楚地发现我国民办高校产权政策不明晰的现状。

1997 年 7 月出台的《社会力量办学条例》第三十六条、第三十七条、第四十三条[2]对民办高校的产权问题进行了规定。从第三十六条的内容来看，在民办高校存续期间，民办高校拥有其财产的所有权，但是也仅限于使用权，而不具有民办高校财产的处分权，不能对其进行转让等行为。从第三十七条的内容来看，民办高校明确只有其财产的部分使用权，而且财产的不能用于分配就决定了民办高校的举办者是不享有财产的收益权的。从第四十三条的内容来看，民办高校举办者投入部分财产的所有权得到了承认，但这项权利的有可能获得只能发生在学校解散时。这 3 条关于民办高校的财产归属权的初始界定遭到了质疑，并给教育实践带来了一系列的问题。例如，"民办高校举办者和办学者的投入，只是在教育机构被解散后才能得到返还，他非但与学校运营过程中所获的滚动积累无关，还得承担货币贬值所带来的损失，一些办学者为逃避投资风险，想方设法在短期内收回成本，使民办高校成为'学店'之嫌"[3]。民办高校解散时清算后的剩余财产将由审批机关统筹安排，而非民办高校的举办者。换言之，民办高校的出资人投入资本后就大致上失去了对其投入财产的所有权，当然不得进行抵押、租赁或转让，这无疑将打击民办高等教育投资者的热情，阻碍民办高等教育的融资渠道。

而 2002 年 12 月颁布的《民办教育促进法》中第三十五条、第三十六条、第五十一条、第五十九条[4]也涉及民办高校的产权问题。依据第三十五条、第三十六条的内容，

---

① 方铭琳. 民办高校产权明晰的法律保护[J]. 高等教育研究，2005（8）：58.

② 《社会力量办学条例》（1997 年发布）：

第三十六条　教育机构在存续期间，可以依法管理和使用其财产，但是不得转让或者用于担保。任何组织和个人不得侵占教育机构的财产。

第三十七条　教育机构的积累只能用于增加教育投入和改善办学条件，不得用于分配，不得用于校外投资。

第四十三条　教育机构解散，应依法进行财产清算。教育机构清算后的剩余财产，返还或者折价返还举办者的投入后，其余部分由审批机关统筹安排，用于发展社会力量办学事业。

③ 宁本涛. 论民办学校的财产归属[J]. 教育与经济，2002（4）：7.

④ 《民办教育促进法》（2002 年发布）：

第三十五条　民办学校对举办者投入民办学校的资产、国有资产、受赠的资产以及办学积累，享有法人财产权。

第三十六条　民办学校存续期间，所有资产由民办学校依法管理和使用，任何组织和个人不得侵占。任何组织和个人都不得违反法律、法规向民办教育机构收取任何费用。

第五十一条　民办学校在扣除办学成本、预留发展基金以及按照国家有关规定提取其他的必需的费用后，出资人可以从办学结余中取得合理回报。取得合理回报的具体办法由国务院规定。

第五十九条　对民办学校的财产按照下列顺序清偿：

（一）应退受教育者学费、杂费和其他费用；

（二）应发教职工的工资及应缴纳的社会保险费用；

（三）偿还其他债务。

民办学校清偿上述债务后的剩余财产，按照有关法律、行政法规的规定处理。

民办高校的财产所有权归学校或法人所有，而作为其投资的举办者不享有学校的财产所有权。那么举办者一旦投资，其所投入部分财产的管理和使用归民办高校，而不是举办者。从第五十一条的内容来看，由于是"在扣除办学成本等费用后"，民办高校的举办者实际上拥有的是一项受限受约的"办学节余"的索取权。从第五十九条的内容来看，民办高校办学终止进行清偿时没有明确规定返还出资人的投入，更没有明确规定清偿后"剩余财产"的归属问题。《民办教育促进法》对于民办高校财产权规定的不明晰，主要包括了产权界定不明确、产权模糊、产权配置不当等，这就导致了民办高校办学中的权与责的不对称。例如，对民办高校财产权的界定仅仅落在国家与学校之间的权责关系、出资人与学校之间的权责关系上；在产权的权能问题上忽略了出资人的财产所有权，而只注重了民办高校办学期间的法人财产权；允许出资人取得合理回报的规定也属于扶持与奖励的范畴，而且是一种受管制的办学节余的收益权；处理清偿后的剩余财产问题中仅有投入机制，而缺乏退出机制。由此可见，《民办教育促进法》中"对民办高校产权法律关系主体即投资人、举办者的产权主体地位与权能所包括的所有权、交易权、收益权等权利与义务的内容规定不明晰"[①]。

　　2004 年 4 月 1 日实施的《民办教育促进法实施条例》第五条、第三十七条、第四十四条[②]也对民办高校的产权问题进行了规定。这些产权问题的规定造成了民办高校产权状况和产权关系混乱，产权纠纷时有发生。例如，由于产权政策的不明晰，法院在评判民办高校资产纠纷案件时没有统一的依据；对于是否允许民办高校出现将一定比例的资金挪作其他可能回报率更高的营利性事业，作为《民办教育促进法》的详细实施细则仍然没有具体的规定，而在办学实践中，部分高校实施了这种行为，产生了可能的办学资金无法保障的风险。2016 年修正的《民办教育促进法》第五十九条规定："对民办学校的财产按照下列顺序清偿：（一）应退受教育者学费、杂费和其他费用；（二）应发教职工的工资及应缴纳的社会保险费用；（三）偿还其他债务。非营利性民办学校清偿上述债务后的剩余财产继续用于其他非营利性学校办学；营利性民办学校清偿上述债务后的剩余财产，依照公司法的有关规定处理。"这就明确了非营利性民办高校举办者将不再拥有剩余财产所有权。而 2015 年修正的《教育法》第二十六条规定，"以财政性经费、捐赠资产举办或者参与举办的学校及其他教育机构不得设立为营利性组织"，这就导致很多民办高校实际上无法选择成为营利性民办高校。一方面，民办高校的举办者对于选择成为非营利性民办高校心存顾虑；另一方面，部分民办高校由于国有资本的参与而无

---

　　① 方铭琳. 民办高校产权明晰的法律保护[J]. 高等教育研究，2005（8）：60.

　　② 《民办教育促进法实施条例》（2004 年发布）：

　　第五条　民办学校的举办者可以用资金、实物、土地使用权、知识产权以及其他财产作为办学出资。国家的资助、向学生收取的费用和民办学校的借款、接受的捐赠财产，不属于民办学校举办者的出资。

　　第三十七条　在每个会计年度结束时，捐资举办的民办学校和出资人不要求取得合理回报的民办学校应当从年度净资产增加额中、出资人要求取得合理回报的民办学校应当从年度净收益中，按不低于年度净资产增加额或者净收益的 25%的比例提取发展基金，用于学校的建设、维护和教学设备的添置、更新等。

　　第四十四条　出资人根据民办学校章程的规定要求取得合理回报的，可以在每个会计年度结束时，从民办学校的办学结余中按一定比例取得回报。

法选择成为营利性民办高校。当前，民办高校的产权问题依然是举办者顾虑的话题。为此，民办高校产权问题的解决亟待详细且操作性强的分类管理实施细则的出台。只有进一步深入解读产权归属相关问题，建立起相对完善的产权政策，我国民办高校的产权才能逐渐明晰，从而实现办学的有章可循、有法可依。《民办高等学校办学管理若干规定》第六条、第七条也对产权问题进行了规定①，但是仅仅做出了原则性的规定，缺乏明确的实际操作中的财产管理与分配问题规定。

四、政策模型转变缓慢影响多元主体参与的教育治理

在民办高等教育政策发展的过程中，其政策的主体范围和责任不断拓展，逐渐形成了以政府、民办高校、社会为主的多元化主体结构。在政策主体不断多元化的进程中，民办高等教育的政策模型也与之进行适应性的转变。"教育政策模型是指从教育政策过程中抽取影响教育政策的主要因素，以最简捷的方式，通过抽象建构成的一种认识中介，以此来达到模拟政策的真实运行。"②　实际上，政策的制定过程就是一个多元政策主体互动的过程。改革开放以前，我国教育政策的制定基本上依赖精英的决策主体，导致民办高等教育停滞发展。随着国家政局的不断稳定，改革开放政策实施带来的一系列经济社会发展巨变，公众高等教育需求与高等教育资源的矛盾日益凸显，这就需要对现有政策不断进行调整，使民办高等教育政策不断适应社会经济形势。因此，过于封闭与保守的渐进政策模型逐渐不能适应科学技术迅猛发展的时代需求，公共选择模型被恰当地应用到当前民办高等教育政策制定当中。典型的公共选择表现为一种妥协，即一致同意的结果。公共选择模型的应用对民办高等教育政策的发展有着十分积极的作用，它在基于一致同意的前提下进行选择，避免了剧烈的社会波动，同时也体现出政策主体参与的多元化与公平化原则。但是由于我国民办高等教育政策的开放性不强，反馈渠道不畅通，各政策主体之间经过利益博弈，往往是妥协之后又回到渐进模型，导致政策执行的效果远离政策预期目标。如政策中对于"合理回报"的问题一直含糊不清，只是简单提出"合理回报"让政府、民办高校和社会之间的利益博弈暂时均衡，没有形成畅通的反馈环，出现的问题得不到及时修正，导致政策偏差。

---

① 《民办高等学校办学管理若干规定》（2007 年发布）：

第六条　民办高校的举办者应当按照民办教育促进法及其实施条例的规定，按时、足额履行出资义务。民办高校的借款、向学生收取的学费、接受的捐赠财产和国家的资助，不属于举办者的出资。民办高校对举办者投入学校的资产、国有资产、受赠的财产、办学积累依法享有法人财产权，并分别登记建账。任何组织和个人不得截留、挪用或侵占民办高校的资产。

第七条　民办高校的资产必须于批准设立之日起 1 年内过户到学校名下。本规定下发前资产未过户到学校名下的，自本规定下发之日起 1 年内完成过户工作。资产未过户到学校名前，举办者对学校债务承担连带责任。

② 高峰，杨晓明. 从我国教育政策主体看政策模型的选择[J]. 教育探索，2004（4）：49.

第八章　迎接挑战：民办高等教育政策的改革与走向

回顾过去正是为了呈现过去与现在的关系，并以此展望未来。对历史的解读更为重要的是考量现在与未来。如此，对民办高等教育政策历史分期的阐释，不仅是对其曲折前行的历程的总结，还是对其未来远景的探讨。

"在大众化甚至普及化以后，民办高等教育走向何方，很大程度上仍然取决于政策的转型，决定于政策的顶层设计和空间。"[①]目前民办高等教育政策的发展已经迈入治理阶段，其重要的政策特征就是通过完善分类管理来大力支持和依法规范民办高等教育的发展。《国家中长期教育改革和发展规划纲要（2010—2020 年）》提出积极探索营利性和非营利性民办学校分类管理。由于缺乏国家制度的统一界定和保障，地方探索取得的成效不明显。然而，2016 年，国家密集出台了 4 项重要的民办高等教育管理文件，业界称之为"1+3"，即修改了 1 部法律、配套了 3 份文件。2016 年 11 月，第十二届全国人民代表大会常务委员会第二十四次会议审议通过的《全国人民代表大会常务委员会关于修改〈中华人民共和国民办教育促进法〉的决定》指出，"民办学校的举办者可以自主选择设立非营利性或者营利性民办学校"，"民办学校取得办学许可证后，进行法人登记，登记机关应当依法予以办理"。同年 12 月，《国务院关于鼓励社会力量兴办教育促进民办教育健康发展的若干意见》指出，"实行非营利性和营利性分类管理，实施差别化扶持政策，积极引导社会力量举办非营利性民办学校"。随后，教育部等多个部门先后印发了《民办学校分类登记实施细则》《营利性民办学校监督管理实施细则》。2017 年 7 月 7 日，教育部等十四部门关于印发《中央有关部门贯彻实施〈国务院关于鼓励社会力量兴办教育促进民办教育健康发展的若干意见〉任务分工方案》的通知，标志着政府部门大规模联席制推动民办高等教育向纵深层次改革的开始。2018 年 12 月 29 日第十三届全国人民代表大学常务委员第七次会议《关于修改〈中华人民共和国劳动法〉等七部法律的决定》，其中对《中华人民共和国民办教育促进法》作出了两处修改：将第二十六条第二款中的"经政府批准的职业技能鉴定机构"修改为"经备案的职业技能鉴定机构"；将第六十四条中的"工商行政管理"修改为"市场监督管理"。因此，实施分类管理，允许并鼓励民办学校实现营利，不仅能有效激发更多社会力量兴办教育，而且有利于制定和落实合理的财政扶持和税收等优惠政策。

此外，在当前民办高等教育转型发展过程中，受一定社会背景下多种因素的作用，诸多问题逐渐产生，且不可能单纯地制定发布一项或多项政策就可以解决。例如，高等教育适龄人口急剧减少、教育财政支出总量减少、国外高等教育的强大吸引力等问题，不仅涉及体制机制改革，而且涉及观念转型，更需要国家层面的政策支撑。而要客观了解民办高等教育领域的教育舆情，客观分析民办高等教育改革推进的影响因素，客观评

---

① 徐绪卿. 加快政策转型 支持民办高校健康和可持续发展[N]. 人民政协报，2013-07-17（C02）.

估民办高等教育政策实施效应，就需要进行民办高等教育政策变迁研究。这一研究可以产生两个方面的影响：其一是直接影响，即为教育决策提供解决问题的参考意见；其二是间接影响，即对教育决策者产生观念和认识上的启发。民办高等教育政策最终落实到民办高校，民办高校实施教育政策中出现的问题和形成的经验是民办高等教育政策不断完善与健全的实践依据。研究民办高等教育政策的改革思路和未来走向的基本前提便是当前民办高等教育政策发展所面临的问题与挑战。因此，本章着力从民办高等教育政策当前所处环境入手，在有关民办高等教育政策变迁动因的解析和政策发展的成效与问题的审视基础上，结合当前民办高等教育的政策内容，对当下和未来民办高等教育政策的走向进行分析与预测。

第一节　民办高等教育政策发展面临的挑战

在世界教育史长河中，各国教育均起源于私立教育。而今，诸多世界一流大学是私立高校，如哈佛大学、耶鲁大学、牛津大学、剑桥大学等。这些国外私立高校的发展与其国家政策层面的大力支持是密不可分的。在国民经济与社会发展过程中，教育一直发挥着基础性、全局性和战略性的作用。与世界各国私立高等教育发展历程相似，我国民办高等教育发展的转折点主要以政策的颁布与实施为标志。然而，进入21世纪，民办高等教育在各项国家政策的支持下虽然社会地位显著提升和办学规模迅速扩张，但是更多的是面临并处于全面的危机之中。危机，英文crisis，来源于希腊语，具有冲突和变化的双重含义。从这层意义而言，民办高等教育要摆脱当下的政治、经济、文化、人口等多领域面临的各种矛盾与冲突，就必然要在相应的领域做出适当的选择与变化。从改革开放至今来看，民办高等教育发展是一段从混沌逐渐走向有序、从管理逐步走向治理的过程。综合目前现实形势，对民办高等教育而言，通过政策推动其改革与发展，破除制约其发展的体制机制障碍，解决其发展的深层次矛盾，是构建科学有效的民办高等教育政策体系，顺利实现分类管理的有效治理的发展目标的必由之路。

一、高等教育适龄人口变化

近年来，由于公办高校的扩招和民办高校的扩张，我国民办高等教育的发展环境已经今非昔比，主要表现在两大方面。其一是高等教育市场供求关系变化。"供不应求"的高等教育市场格局逐渐变成了"供大于求"。依据《国家中长期教育改革和发展规划纲要（2010—2020年）》确定的高等教育发展目标推测，2020年高等教育适龄人口（18～22岁）规模约为8250万人。数据显示，我国高考人数一直在持续变化。高考人数顶峰时期是2007～2009年，高考总人数分别为1010万、1050万、1020万。直到2019年，全国高考报名人数才再次达到1000万以上，这是近10年以来的高考人数最多的一年。[①]高等教育市场格局的变化不仅是国家计划生育政策效应的重要表现，而且是公办高校和

---

① 中商情报网. 教育部回应今年高考是否会推迟 2020 年高考考生人数预计超 1000 万[EB/OL]. （2020-02-28）[2020-03-14]. https://3g.163.com/dy/article_cambrian/F6G9I8UA051481OF.html?isFromOtherWeb=true.

国外高校大力宣传招生产生的效应。此外,社会上对高等学府的需求呈现出热衷就读"公办名校"和"国外高校"的倾向。其二是高等教育市场主体竞争力的变化。伴随公办高校办学自主权的不断扩大和教育财政投入的增加,公办高校的办学竞争力与日俱增。相较而言,民办高校学费受国家限制难以调整,资金问题成为制约其发展的重要因素。加之民办高校长期难以得到国家公共财政的支持,产权不清,难以吸引更多的社会资金投入,其生存压力极大,日渐陷入边缘化的困境。

"按照传统的高等教育观念,当高等教育进入大众化阶段,且高等学校数量达到一定程度以后,适龄人口的下降必然引发高等教育规模萎缩,甚至发生高等教育生源危机。"[①]但是在面对 20 世纪八九十年代高等教育适龄人口下降的危机时,美国和日本却经历了不同的境遇。美国采取一系列措施,包括生源拓展计划,招收了一批"新型"学生[②]和"非传统"学生[③],调整高等教育类型结构,大力发展职业教育等,这不仅带来了生源市场的不断扩大,而且在一定程度上保证了美国高校的足够生源,并使美国高等教育顺利融入终身教育体系。而日本依然以传统适龄人口作为主要生源,并未采取有效措施控制大学数量的继续增长,这也就导致了部分私立大学的生存岌岌可危,给日本私立高等教育带来巨大冲击,时至今日仍没有缓和的迹象。"此后,虽然在 2020~2030 年之间有一个回升期,但从总体趋势来看,我国高等教育适龄人口呈逐渐下降趋势,到 2050 年将下降到 6938 万人。"[④] 目前,我国高等教育适龄人口持续变化的现实与高等教育发展规模问题已经逐渐受到社会和学界的关注。到 2020 年,我国要新增 9670 万具有高等教育文化程度人口,主要劳动年龄人口中受过高等教育的比例要从 2009 年的 9.9% 增加到 20%,高等教育在校生规模达到 3300 万人,其中高等职业教育在校生规模达到 1480 万人[⑤]。数据显示,全国高校(普通本科及大专院校)在校生人数从 1999 年的 408.59 万人激增到 2017 年的 2753.6 万人。[⑥] 教育部 2018 年全国教育事业发展统计公报显示,普通本专科在校生 2831.03 万人。[⑦] 可见,我国高等教育规模将保持一定程度的稳步增长。从美国和日本两国的经验和教训中可以看出,不同的策略会产生不同的效果。因此,我国高等教育适龄人口持续变化的现实必须得到足够的重视。面临生源数量变化的局面,我国高校的注意力将从规模扩张转移到办学质量上来,紧跟社会需求,加快学科专业结构调整,加强特色专业建设,创新人才培养模式。突破传统适龄人口束缚和控制大学数量增长应当作为保障我国高等教育稳步发展的切实可行的措施。

① 卢彩晨. 如何应对高等教育适龄人口下降:美国与日本之比较[J]. 教育研究,2010(11):102.

② "新型"学生,指那些在高中学习一般或较差的学生、少数民族后裔学生和低收入家庭的学生。

③ "非传统"学生,指年龄在 22 周岁以上的学生及参加非正规教育计划的学生等。

④ 中国教育与人力资源问题报告课题组. 从人口大国迈向人力资源强国[R]. 北京:高等教育出版社,2003:107.

⑤ 根据《国家中长期教育改革和发展规划纲要(2010—2020 年)》(2010)相关数据整理。

⑥ 搜狐网. 2019 年预计高校毕业人数高达 834 万,人数再创新高就业不容乐观![EB/OL]. (2018-12-14) [2020-03-14]. https://www.sohu.com/a/281814074_99983152.

⑦ 中华人民共和国教育部. 2018 年全国教育事业发展统计公报[1][EB/OL]. (2019-07-24) [2020-03-14]. http://www.moe.gov.cn/jyb_sjzl/sjzl_fztjgb/201907/t20190724_392041.html.

二、错综复杂的关系网络与利益博弈

目前，伴随教育公平与教育平等理念的深入人心，教育政策执行过程中的利益主体已经呈现出多元化的态势。对民办高等教育政策而言，其执行过程正是一个充满着连续不断的交易、谈判和政治互动的复杂过程[①]，存在着四大主要利益主体：中央政府、地方政府、办学投资者和民办高校。由于所处位置的不同，这些利益主体在参与政策执行中表现出不同的目标和方式，形成了错综复杂的关系网络与利益博弈。在民办高等教育政策执行的利益博弈场中，中央政府由于社会等级上的先天优势，成为政策执行的强势利益主体。这也就不难解释，在过去几十年的民办高等教育发展历程中，主要满足中央政府的利益诉求成为民办高等教育政策颁布与实施的主要目标，也就在一定程度上造成了政策执行过程中对其他利益主体的相对不公平。随着中央政府一系列放权让利举措，地方政府逐渐成为"一个具有相对独立利益结构的行为主体及作为地方利益代言人角色的凸显，决定其必然内在地倾向于同地方精英和公众进行合作，最大限度地保护地方利益，并通过扩张地方政府自主性的方式，突破中央政府的政策限制，与中央政策开展讨价还价的博弈"[②]。对于办学投资者而言，从早期阶段的不成熟甚至混乱，到之后的遭受不理解甚至歧视，导致政府对办学投资者这一利益主体具有一定的操控权，进而对民办高校实施一种"严格控制"的政策，或隐或显地以政治权力限制办学投资者举办民办高等教育。这也就在一定程度上形成了政府"权力"与投资者"资本"之间错综复杂的博弈图景。因此，民办高等教育政策发展过程中体现了多元利益主体之间的互动。在这一互动机制中，各利益主体又有各自特定的利益期待。而教育政策的执行不可能同时满足各利益主体的利益期待，导致了利益主体之间的冲突的产生，进而造成教育政策的内容与实践相悖。相对而言，中央政府和地方政府具有相对统一的共同利益与长远利益，即满足国家教育资源的平衡，实现高等教育的稳步发展；而办学投资者由于先天的资本逐利性，其利益期待看重眼前的"盈利"或所谓"合理回报"。民办高校作为利益主体的利益期待在这一利益博弈场中则被严重忽视，而其应当是利益主体的重要成员。

三、国外高等教育的强大吸引力

随着世界高等教育的产业化、市场化、私营化，高等教育国家市场的发展呈现出波澜壮阔的局面，带来了前所未有的竞争和日益密切的合作。伴随全球经济一体化的步伐，经济利益成为一部分国家发展国家教育贸易的主要动机。而作为发展中国家的我国，主要期望通过国际化的教育交流与合作提升国内教育质量和水平。然而，目前高等教育国际化市场中，我国已经逐渐成为全球最大的留学生输出国。主要发达的工业化国家的高等教育对我国高等教育适龄人群产生越来越大的吸引力。这势必与我国高等教育抢夺生源，对于发展根基尚不稳的民办高等教育而言，可能面临生存危机。

据教育部统计，党的十八大以来出国留学规模稳步扩大，相应的回国人数也逐年提

① 米切尔·黑尧. 现代国家的政策过程[M]. 赵成根，译. 北京：中国青年出版社，2004：129.
② 彭华安. 独立学院政策执行的利益博弈分析[J]. 教育科学，2012（5）：22.

升，6 年间各年度出国留学总数不断刷新：2013 年约 41.39 万人，2014 年约 45.98 万人，2015 年约 52.37 万人，2016 年约 54.45 万人，2017 年约 60.84 万人，2018 年约 66.21 万人。党的十八大以来的出国留学总数约 321.24 万，约占 1978 年以来 40 年间出国留学总人数的 54.85%，年均约 53.54 万人。[①] 虽然增长速度减慢，但本科及以下层面就读人数增长仍然迅猛，出现明显的低龄化趋势。本科留学的人数迅速增加。以中国赴美国留学人数为例，2005～2006 年，仅有 9309 人赴美国读本科，是当年赴美国攻读研究生人数的 1/7。美国国际教育协会发布的《2015 美国门户开放报告》显示，2015 年赴美国读本科的中国学生人数第一次超过了赴美国读研的人数，达到 33 275 人[②]。10 年间，我国赴美国读本科的人数快速增长，其增速远高于赴美国留学总人数的增速。这一系列数据充分表明，我国赴美国读本科的留学生人数迅速增长，并越来越倾向于本科阶段的留学。

出国留学对实现人才的国际化有着显著的作用。人才的国际化交流能够为我国高等教育的改革与发展注入生机与活力，但是大量人才的出国学习也反映出国内高校与国外高校在人才培养和教学科研方面存在的差距。因此，我们必须加快提高我国高等教育的质量，将教学质量和科研水平真正提升到国际一流水平，只有这样才能以优良的学习环境留住生源，也才能吸引更多的留学生来华。因此，提高高等教育质量是缩小我国高等教育进口与出口差距的核心要素。

第二节 民办高等教育政策的改革思路

"政策是动态连续的主动选择过程，当教育事业发展变化以后，教育政策必须随之调整，否则就不能对教育发展起到促进作用"[③]。改革开放以来，我国中央政府先后发布了两部民办教育管理政策法规，第一个是《社会力量办学条例》（1997 年发布），第二个是《民办教育促进法》（2002 年发布）。前者立足 1993 年的《中国教育改革和发展纲要》，成为民办高等教育政策发展史上第一个民办高等教育办学管理的实质性条例，其基本目标和宗旨是鼓励社会力量办学，维护举办者、学校及其他教育机构、教师及其他教育工作者、受教育者的合法权益，从而促进社会力量办学事业健康发展。由于《中国教育改革和发展纲要》（1993）的一项重要议题是"改革办学体制。改变政府包揽办学的格局，逐步建立以政府办学为主体、社会各界共同办学的体制"；"国家对社会团体和公民个人依法办学，采取积极鼓励、大力支持、正确引导、加强管理的方针"[④]。因此，在该纲要的引导下，此后 5 年间先后颁布实施了《教育法》、《社会力量办学条例》和《高

---

① 中华人民共和国教育部.出国留学 培养有家国情怀国际视野的建设人才[EB/OL]. (2019-09-27) [2020-03-14]. http://www.moe.gov.cn/jyb_xwfb/s5147/201909/t20190927_401309.html.

② 学易时代咨询,行业研究中心. 2018 年中国出国留学产业研究报告[DB/OL]. (2018-08-05)[2018-11-29]. http://www.sohu.com/a/245391476_460424.

③ 徐绪卿, 王一涛. 论我国民办高等教育政策从"规范"向"扶持"的转型[J]. 高等教育研究, 2013（8）：45.

④ 《中国教育改革和发展纲要》（1993 年发布）第十六条。

等教育法》，极大地促进了民办高等教育的改革与发展，初步确立了民办高等教育作为国家办学补充的地位。进入 21 世纪，立足于落实科教兴国战略，《面向 21 世纪教育振兴行动计划》（1998 年发布）进一步提出深化办学体制改革，调动各方面发展教育事业的积极性，特别指出在"今后 3～5 年，基本形成以政府办学为主体、社会各界共同参与、公办学校和民办学校共同发展的办学体制"；"社会力量办学要纳入依法办学、依法管理的轨道"①。正是基于这样的背景，《民办教育促进法》于 2003 年 9 月 1 日施行，并替代之前的《社会力量办学条例》，从而初步建立了民办高等教育政策法律体系，有效地促进了民办高等教育办学行为的规范管理。2010 年，按照新时期"建设人力资源强国"的战略目标要求，我国制定和出台了教育发展总体性规划——《国家中长期教育改革和发展规划纲要（2010—2020 年）》，当前我国现有的教育发展都是按该规划纲要展开的。其中，该规划纲要第十四章关于办学体制改革的内容中专门强调民办教育的发展问题，特别指出"民办教育是教育事业发展的重要增长点和促进教育改革的重要力量"②。此外，第二十章"推进依法治教"中提出"按照全面实施依法治国基本方略的要求，加快教育法制建设进程，完善中国特色社会主义教育法律法规。根据经济社会发展和教育改革的需要，修订教育法、职业教育法、高等教育法、学位条例、教师法、民办教育促进法，制定有关考试、学校、终身学习、学前教育、家庭教育等法律。加强教育行政法规建设。各地根据当地实际，制定促进本地区教育发展的地方性法规和规章"③。2015年 1 月 7 日召开的国务院常务会议通过对教育法、高等教育法、民办教育促进法进行一揽子修改的修正案草案，决定提请全国人大常委会审议。相关草案明确对民办学校实行分类管理，允许兴办营利性民办学校。通过此次修正，民办高等教育的"营利性"问题被合法化，势必带来一系列的管理体制改革。因此，除了上述民办高等教育相关的政策制定和实施所面临的各种问题与挑战，《国家中长期教育改革和发展规划纲要（2010—2020年）》成为研究和判断民办高等教育政策未来走向最直接的参考，它至少给民办高等教育改革和发展呈现了 6 年（2015～2020 年），甚至更长时间范围内民办高等教育政策的基本原则与目标。

一、合理调整政策目标，实现稳定规模与提升质量并进

所谓教育政策目标，就是教育政策所希望达到的目的或取得的结果。教育政策目标在整个教育过程中起着指导性、基础性的作用，如果政策目标确立有误，很有可能导致整个政策的无效和失败④。目标是基于现实状况对未来做出的规划。在民办高等教育政策发展过程中，政策环境不断地发生变化，这就要求以发展的眼光来确立政策目标，根据民办高等教育发展的动向合理定位政策目标。

目前，我国民办高等教育的办学规模仍不理想。教育部统计数据显示，截至 2018年，我国共有普通高等学校 2663 所，其中民办普通高校 749 所（含独立学院 265 所），

---

①《面向 21 世纪教育振兴行动计划》（1999 年发布）第三十九条。
②《国家中长期教育改革和发展规划纲要（2010—2020 年）》（2010 年发布）第四十三条。
③《国家中长期教育改革和发展规划纲要（2010—2020 年）》（2010 年发布）第六十二条。
④ 褚宏启. 教育政策学[M]. 北京：北京师范大学出版社，2011：175.

"而美国 2010～2011 年共有 4599 所高校,其中仅 36.01% 为公立高校,35.44% 为私立(非营利性)高校,28.55% 为私立营利性高校"[①]。由此可见,我国民办高等教育发展状况远远落后于美国。按照《国家中长期教育改革和发展规划纲要(2010—2020 年)》的总体设计,"到 2020 年,基本实现教育现代化,基本形成学习型社会,进入人力资源强国行列";"高等教育大众化水平进一步提高,毛入学率达到 40%";"具有高等教育文化程度的人数比 2009 年翻一番"[②]。这些战略目标可以被视作民办高等教育繁荣发展的空间。对于我国民办高等教育而言,生源数量是否充足将直接影响其学费收入的高低,而学费收入是其主要经费来源,故国家高等教育毛入学率 40% 的发展目标将在一定程度上缓解因高等教育适龄人口下降所造成的生源危机。我国高等教育已经迈入了后大众化教育时代。未来一段时期,面临的重要任务便是保持目前高等教育规模的同时如何提高教育质量。正如《国家中长期教育改革和发展规划纲要(2010—2020 年)》中所提出的,"提供更加丰富的优质教育。教育质量整体提升,教育现代化水平明显提高。优质教育资源总量不断扩大,更好满足人民群众接受高质量教育的需求。学生思想道德素质、科学文化素质和健康素质明显提高。各类人才服务国家、服务人民和参与国际竞争能力显著增强"[③]。由于民办高等教育具有公益性、市场性、营利性等综合特征,其教育质量的不断提升,一方面能真正为社会培养高素质的人才,体现教育的公益性;另一方面能发挥其优质的教育资源作用,在日益激烈的高等教育市场中占据一席之地。换言之,伴随高校扩招之后的规模迅速扩张,教育质量必然成为未来民办高等教育的生命之源。因此,实现稳定规模与提升质量应当成为当前民办高等教育政策目标适时调整的重要内容。

二、有效发挥政策主体职能,实现多元利益主体参与的教育治理

"教育政策主体职能的发挥不仅受到自身能力水平的限制,也受到外部因素的影响和制约。"[④] 民办高等教育政策发展过程中充斥着各种利益诉求,而这种多元利益主体的博弈对民办高等教育政策主体职能的发挥产生了重要影响。

对于多元利益主体的民办高等教育而言,单一主体的政府管理强调政府主导一切的制度安排,忽视其他主体的作用折射出政策文本与实施效应之间的差异。"从单一主体的政府管理走向多元主体的共同治理,必然意味着政府向社会(包括诸多利益相关者、社会组织等)和学校的放权、分权、授权"[⑤]。"教育治理的重心在于政府管理和学校内部管理两个层面上的社会广泛参与"[⑥],有效地发挥多元主体的作用。事实上,治理的英文为 governance,源于政治学和管理学术语,意指政府的引导、控制、统治。该词最初出现在 1989 年的世界银行对银行公司管理的表述中。在公共管理领域,这一概念被人们广泛使用是在 20 世纪 90 年代之后,但其含义与 government(统治)存在较大差异,

---

① 袁绪程. 中国高等教育的出路[EB/OL]. (2014-02-17) [2018-11-29]. http://opinion.caixin.com/2014-02-17/100639430.html.

② 《国家中长期教育改革和发展规划纲要(2010—2020 年)》(2010 年发布)第三条.

③ 《国家中长期教育改革和发展规划纲要(2010—2020 年)》(2010 年发布)第三条.

④ 褚宏启. 教育政策学[M]. 北京:北京师范大学出版社,2011:104.

⑤ 褚宏启,贾继娥. 教育治理中的多元主体及其作用互补[J]. 教育发展研究,2014(19):5.

⑥ 褚宏启,贾继娥. 教育治理中的多元主体及其作用互补[J]. 教育发展研究,2014(19):1.

并超出了政治学范畴。以对治理的理解来看，"善治"是其标准的最高境界。依据俞可平教授和李家兴教授的研究，善治主要有以下 10 条标准：①合法性（legitimacy），它指的是秩序和权威被自觉认可和服从的性质和状态。②透明性（transparency），它指的是信息的公开性。③责任性（accountability），它指的是人们应当对自己的行为负责。④法治（rule of law），法治的基本意义是，法律是公共管理的最高准则，任何政府官员和公民都必须依法行事，在法律面前人人平等。⑤回应（responsiveness），这一点是责任性的延伸，它的基本意义是，管理人员和管理机构必须对公民的要求做出及时的和负责的反应，不得无故拖延或没有下文。在必要时还应当定期地、主动地向公民征询意见、解释政策和回答问题。⑥有效（effectiveness），这主要指管理的效率。⑦参与（participate in），指的是管理上的广泛参与性。⑧稳定（stability），指的是治理的过程和结果应该以社会、组织机构和谐稳定为前提。⑨廉洁（probity），这是对管理参与者个人品性的要求。⑩公正（justness），指治理的正义性结果。①②

　　作为准公共产品，民办高等教育属于公共行政管理范畴，因而，治理理论能够适用于该研究。"教育治理是指国家机关为了实现教育发展目标，通过一定的机构设置和制度安排，协同各类社会组织、利益群体和公民个体，共同管理教育公共事务、推动教育发展的过程。治理的突出特征是多主体参与，即主体的多元化"③。民办高等教育是我国改革开放之后产生的一种新兴办学形式，是在公共高等教育资源欠缺和教育机会不足的背景下，鼓励和支持社会力量参与办学的结果。几十年的发展历程充分说明，我国民办高等教育是公共体制之外的产物，涉及诸多体制、公共目标和利益关系问题，其发展道路并不平坦，充满着政策分歧和争议④。由于民办高等教育的特殊身份与发展特征，其参与治理的多元主体之间的关系错综复杂。

　　从民办高等教育的主要利益相关群体来看，民办高等教育政策的主要主体不单指政府，还应包括办学出资人和民办高校自身。当然，在多元化主体参与的共同治理之下，政府始终要发挥主导作用，原因是"如果过度强调分权放权或自愿合作，忽视硬性的制度规定和强制性监督机构，很可能导致多元主体间责任边界不明确，诱发相互推诿扯皮、争功避责，削弱其共识与合力。在当前中国制度体系需进一步健全和完善，社会规则意识和责任意识尚未完全建立、认识还没有完全统一的情形下，过度强调自愿合作、自我约束、自主创新，显然可能会加剧责任体系的混乱，不利于理想效果的达成"⑤。作为主要主体的政府、办学出资人和民办高校不可能共同负责，而由于政府是公共利益的代言人，其理应作为民办高等教育治理的责任主体。"现在有一些学界的讨论认为治理是非政府行为，是以社会非营利机构和社会力量为主的。这是对治理的误解。在任何社会中，政府有不可替代的社会功能，即便在网络化治理体系成熟完善的制度条件下，政

---

　　① 俞可平. 治理和善治：一种新的政治分析框架[J]. 南京社会科学，2001（9）：40-44.

　　② 李家兴. 大学治理与高等教育质量[J]. 国际安全研究，2008（3）：77.

　　③ 同②.

　　④ LAW W W, SU Y P. Game theory and educational policy: private education legislation in China[J]. International journal of educational development, 2009(29): 227-240.

　　⑤ 郑言，李猛. 推进国家治理体系与国家治理能力现代化[J]. 吉林大学社会科学学报，2014（2）：10.

府依然是网络系统中的中枢，是发动、引导、激励和监管各种社会组织合作的重要力量。"① 就我国而言，行政权自古以来都是十分强大的，也就形成了传承至今的行政主导式的国家体制。从一系列民办高等教育政策的颁布实施过程来看，办学出资人和民办高校对这样的行政权有着先天的依赖感和服从意识。因此，政府必须转变其行政职能，"以市场为导向，由微观变宏观，切实实现政府由直接的、以行政手段为主的质量管理，向以法律、拨款、评估和信息及服务等手段为主的间接质量调控的转变"②，力图建立一个"服务政府、法治政府、责任政府"，从而保证公共利益的最大化。对于民办高等教育治理而言，政府、投资办学者和民办高校都有着独特的价值，其功能是互补的。换言之，多元政策主体之间合理的权利配置将对于民办高等教育管理的现代化和建构公平优质高效有序的教育格局起着重要的作用。因此，当前民办高等教育政策主体职能应当更为有效地发挥，以实现多元利益主体参与的教育治理。

三、增强政策效应，推进营利性和非营利性民办高校分类管理

"一项新政策发布后，只有当它对社会生活产生实质影响，形成一定的政策效应，政策的意义才能体现出来。"③ 一项好的政策自身不应该有阻碍和影响其执行的"硬伤"，特别是政策内容过于笼统、模糊之类的问题。一直以来，民办高等教育政策对于民办高校营利或非营利问题上的模糊和刻意回避，使政策目标不明确，也缺乏可操作性，难以执行。

当前，分类管理将不再停留在理论准备和实践探索阶段，而是需要具体的分类管理制度的出台与实施，对过去关于产权归属、营利等争论焦点问题进行科学合理的界定。为了解决教育改革与发展中产生的一系列问题，2015 年 8 月《教育法律一揽子修订建议（草案）》首次列入全国人大常委会会议议程。其中对《民办教育促进法》的修订成为推动民办教育改革与发展的当务之急。该草案明确对民办学校实行分类管理，允许兴办营利性民办学校。事实上，在《国家中长期教育改革和发展规划纲要（2010—2020 年）》第四十四条中就明确提出"积极探索营利性和非营利性民办学校分类管理"，第六十七条提出"开展对营利性和非营利性民办学校分类管理试点"，消除了民办高等教育发展的制度性障碍，这既是一种制度创新，也是一种观念更新。时至今日，对于为何、如何分类管理的问题可谓众说纷纭。围绕民办高校分类管理的试点工作在地方如火如荼地开展，如浙江省已经被列为全国唯一的民办教育综合改革试点省份，上海、深圳等地也在进行着积极的探索与实践。"实际上，分类管理是在民办高等教育发展了 30 余年才提出的，选择营利与非营利，不仅仅是一个简单的价值判断，也有一个投入的实际问题，还要结合具体的政策引导。"④ 而目前现有民办教育的法规和政策，未将民办教育的投入严格区分为投资和捐资，未将由此形成的民办教育机构严格区分为营利组织和非营利组织，而是基于捐资办学和非营利组织的假设前提制定的⑤。如《教育法》和《高等教育

① 蓝志勇，魏明. 现代国家治理体系：顶层设计、实践经验与复杂性[J]. 公共管理学报，2014（1）：8.
② 罗腊梅，王德清. 我国民办高等教育存在问题与应对之策[N]. 光明日报，2014-11-02（7）.
③ 涂端午，魏巍. 什么是好的教育政策[J]. 教育研究，2014（1）：49.
④ 徐绪卿. 关于民办高校分类管理的思考[J]. 教育发展研究，2011（12）：4.
⑤ 王善迈. 民办教育分类管理探讨[J]. 教育研究，2011（12）：32.

法》所规定的"学校不得以营利为目的"，《民办教育促进法》虽然取消"不得以营利为目的"的规定，但仍规定其"属于公益性事业"，鉴于我国民办教育多为投资办学的现实，赋予其营利的合法性，但仍未从制度上规范民办教育机构的营利性与非营利性。而《民办非企业单位登记管理暂行条例》和《民间非营利组织会计制度》规定，民办教育机构属于非营利性组织，不得从事营利性活动，且不得获取利润回报，出资者不拥有出资形成的财产权。

　　只有在分类管理的相关政策明晰的状态下，办学动机多样化的民办高等教育办学投资者才能做出选择，或捐赠办学，或投入保值等。《国家中长期教育改革和发展规划纲要（2010—2020 年）》明确提出"分类管理"之后，经过几年时间的理论研究和实践探索，从我国民办高等教育的长久发展考虑，合理分类和科学管理势在必行。因此，当前民办高等教育改革发展的重要政策议题之一就是如何对民办高校的分类进行界定与管理。这一议题也将成为当前及今后一段时间民办高等教育研究领域的一项主要议题。正所谓"他山之石，可以攻玉"，国外私立高等教育发展的经验可以给我们一些借鉴。虽然我国民办高等教育与国外私立高等教育的内涵、外延及发展模式存在不同，但国外私立高等教育管理也经历了一段从不分类到分类、不规范到规范的过程。目前，美国、日本等发达国家已经制度性规范营利性和非营利性私立高等教育机构，并在此基础上制定不同的法律规范，包括产权制度、税收制度、财会制度、法人制度等，以规范其办学行为。20 世纪 90 年代以后，全球范围内营利性私立高等教育机构大量产生，且不少已经成为上市公司。但我国民办教育机构规模发展迅速，主要是民办培训机构成功上市，而民办高等教育机构的管理体制改革才刚刚起步。

　　具体而言，推进民办高校的分类管理要重点解决以下 4 个方面的问题。

　　第一，规范营利性民办高校的"盈利"办法。在民办高等教育政策体系中，首次触及民办高等教育公益性和营利性之间矛盾冲突的是 2002 年发布的《民办教育促进法》。该法在明确规定民办教育的公益性属性之外，指出"民办学校在扣除办学成本、预留发展基金以及按照国家有关规定提取其他的必需费用后，出资人可以从办学结余中取得合理回报"[①]。随着新一轮一揽子法律的修订，民办教育"营利性"问题的合法化，"合理回报"因缺乏明确的规范而不具可操作性，这一模糊含混的表述将从民办教育政策话语中消失，取而代之的是"盈利"。

　　第二，确保民办高等教育的公益属性。无论营利性或非营利性，捐资办学或投资办学，民办高等教育的公益属性都是不容置疑的。对于营利性和非营利性民办高校而言，不仅公益性的程度存在较大差异，在实现形式上也存在不同。虽然《民办教育促进法》对民办教育的公益性做出了原则性的规定，但在办学实践中，由于缺乏合理有效的保障措施，其公益性受到了一定程度的损害，主要表现为部分民办高校将营利放在首位，出现了招生数量的盲目扩大、办学成本的刻意降低，甚至办学经费被无故挪用等严重违规现象。为了解决这些问题，应当推进分类管理，特别是对营利性民办高校的监督与检查，确保其公益性的实现。

---

　　① 《民办教育促进法》（2002 年发布）第五十一条。

第三，吸引更多社会资金的投入。当前我国民办高等教育办学资金的来源渠道主要有3种：其一是捐资，捐资者不参与直接的办学管理；其二是非营利性投资，投资者采取一定的方式对民办高校间接参与管理；其三是营利性投资，投资者直接参与民办高校的办学管理。对于捐资和非营利性投资而言，由于缺乏政策保障，潜在的捐资者和非营利性投资者担心资金不能被有效地利用到办学之中，导致其不愿意将更多的资金投入民办高等教育事业中。对于营利性投资而言，"合理回报"缺乏明确规定，办学成本难以核算，这类投资者对于投资收益前景不乐观而导致保守投资或取消投资。因此，要解决民办高等教育的办学资金问题，必须对营利性和非营利性民办高校进行分类管理，建立健全保障公益性和营利性的政策体系。只有具备明晰的政策引导和规范，潜在的捐资者和投资者才愿意对民办高等教育投资。

第四，完善民办高等教育的扶持政策。对于民办高等教育改革与发展，政府起着不可推卸的主导作用，必须"以提高教育质量为目标，在坚持教育公益性的同时，协调营利性与非营利性组织的并存，进一步拓展民办高等教育生存空间"[1]。从民办高等教育政策发展过程来看，政府扶持政策是多方面的，包括经费、税收、土地等一系列政策措施。对于营利性和非营利性民办高校，政府的扶持力度应该有所不同。因此，只有明晰了分类管理的制度，政府制定的扶持政策才能更加具有针对性，才能最大限度地确保民办高等教育的公益性。如果不能有效地推进分类管理，将营利性与非营利性民办高校进行区分，就会直接引起办学的混乱，也会导致民办高等教育一系列政策效应衰减。因此，当前民办高等教育政策效应应当增强，而推进营利性和非营利性民办高校分类管理是其重要途径。

四、加强政策监测与评估，完善政策执行过程

教育政策执行是将政策方案变为现实的途径。[2] 教育政策的执行是一个动态的过程，包括准备阶段、实施阶段和总结阶段，而总结阶段包括政策的监测与评估。政策执行时政策对象的思想和行为发生了什么变化，政策方案是否合适，执行的效果如何，是每个教育政策的利益相关者都非常关心的事情。[3] 而教育政策的监测与评估正是了解这些问题的重要途径。当前，政府职能正在变革，逐步向法治、透明和服务型的方向转变。在这样的背景下，加强民办高等教育政策执行的监测与评估，不仅能够完善当前民办高等教育政策的执行过程，也能有力促进政府职能转变。

尽管我国高等教育所提供的服务有了较大的改变，但还不足以满足国家社会经济发展和人民群众对高等教育的强烈需求，尤其不能满足日益增长的人民群众对优质高等教育的需求。无论是捐资办学还是投资办学，无论是不获利或者获利，教育质量的提升都成为我国民办高等教育发展中的核心问题，其中，由于民办高等教育发展历程不长、社会认同和支持度尚不高等原因，其教育质量总体水平远远不能与公办高等教育相比。

① 罗腊梅，王德清. 我国民办高等教育存在问题与应对之策[N]. 光明日报，2014-11-02（7）.
② 褚宏启. 教育政策学[M]. 北京：北京师范大学出版社，2011：200.
③ 褚宏启. 教育政策学[M]. 北京：北京师范大学出版社，2011：207-208.

"教育质量的高低取决于多种因素，其中监管无疑是重要因素。就教育质量的外部监管机制而言，主要有政府监管和市场监管，政府监管需要制定教育质量的监管标准和建立监管体系，设立监管机制和教育质量评估中介机构等，并运用法律、经济和行政等手段进行监管。我国各种产品和服务的质量监控标准和监管体系都处在建立和完善过程中。市场监管主要靠市场竞争机制，通过市场竞争'良币驱逐劣币、真币驱逐伪币'的过程实现"①。

政策监测是政策目标得以实现的重要途径。"完善政策监督体系，建立健全多层次、多功能、内外沟通、上下结合的立体的缜密的监督网络，形成和完善以党的监督为先导、权力监督为主体、舆论监督为动力的监督体系，以增强民办高等教育政策执行的透明度。"② 政策的监测与评估是衡量政策好坏的重要途径。而"评价政策执行的指标有两个：一是可操作性，在技术层面上，'好'的政策自身不应有阻碍其贯彻执行的'硬伤'，如政策内容空泛、政策目标不明确等；二是政策执行力，它是指新政策在发布后，在一定的时限内得到落实的范围和程度。"③ 评价政策的标准主要看其可操作性和可执行性。改革开放以来，民办高等教育政策的发展过程中长期忽略对其政策的监测和评估，以致出现政策文本内容不一致、政策目标不明确、政策执行不到位、政策效果不明显等问题。为此，《国家中长期教育改革和发展规划纲要（2010—2020 年）》重点提出了"依法管理民办教育"，"扩大社会参与民办学校的管理与监督。加强对民办教育的评估"，以期达到民办高等教育规范管理的目标。因此，加强政策监测与评估成为当前民办高等教育政策发展的一项重要内容。

五、形成合理的政策价值选择，实现教育的公益性与营利性双赢

教育政策的实质是一种价值选择，价值选择也反过来影响教育政策实践。长期以来，我国民办高等教育政策对于民办高等教育的公益性与营利性之间的协调处理存在缺陷，或模糊或回避，这种价值的选择严重影响了民办高等教育的发展实践。当然，面对多元利益主体的不同利益诉求，且民办高等教育政策主张背后存在政治、经济和社会环境的影响，其政策价值的选择必须进行合理的整合。对民办高等教育政策的价值选择而言，实现教育的公益性与营利性的双赢是民办高等教育所具有的双重属性所决定的。

对于民办高等教育的属性，学术界各抒己见。总体而言，国内学者主要持 3 种观点。第一是"公益事业论"。此观点主要认为，高等教育是公益性事业，任何组织和个人办学不得以营利为目的，否则将损害其公益性的实现，因此，民办高等教育不存在营利性。第二是"市场需求论"。此观点主要认为，民办高等教育是否以营利为办学目的是由教育市场的需求决定的，并不是单纯的公益性事业，允许其营利性的存在。第三是"兼顾论"。此观点主要认为，民办高等教育办学出资者办学目的多元，可以兼顾教育的营利性与公益性。目前，第一种观点基本被否认，民办高等教育营利性的属性已经得到社会

① 王善迈. 民办教育分类管理探讨[J]. 教育研究，2011（12）：33.

② 罗腊梅，王德清. 我国民办高等教育存在问题与应对之策[N]. 光明日报，2014-11-02（7）.

③ 涂端午，魏巍. 什么是好的教育政策[J]. 教育研究，2014（1）：49.

和学术界的认同。第三种观点较符合我国民办高等教育的现实状况,认同实现教育公益性与教育营利性之间是不矛盾、不互斥的。获取回报是办学出资者举办民办高校的首要目的,而次要目的才是公益性的考虑。所以,公益性与营利性是民办高等教育所具有的双重属性。

　　然而,一直以来无论是公办教育还是民办教育,在大多数人眼里,都是公益性的教育事业,其营利性的主张势必影响公益性的实现,或者认为公益性与营利性是矛盾的、非此即彼的。由于"民办高校办学具有非商业投机性、社会效益外溢性,所提供的教育服务具有与商品交易不同的特点"①,对其属性的认识不能仅仅停留在"营利"二字之上,而是认识到营利是其生存的必要条件,对于教育公益性的实现具有现实意义。民办高等教育政策发展的过程中必须合理处理公益性与营利性之间的关系,将两者的博弈转化为双赢的局面。

　　在民办高等教育的公益与营利之间的博弈中,政府和办学出资者是博弈的主要参与者。如果政府只单纯考虑教育的公益性,未考虑民办高校办学出资人的获益,而民办高校办学出资人将重心放在资本的获利最大化上,而忽视教育的公益性,那会形成一种非合作的博弈局面,当然也不利于实现双方效用的最大化。相反,若政府允许民办高等教育办学营利问题合法化,赋予其合理的营利空间,而同时民办高校不再忽视其应当实现的教育公益性,那双方所取得的效用必能最大化,政府与民办高校之间形成合理的必要的张力将有利于双赢局面的实现。随着经济体制的改革,以及政治体制改革所带来的政府职能转变,如何形成民办高等教育公益性与营利性之间的合理必要的张力,成为当前我国民办高等教育政策改革的一项重要任务。从我国国情出发,走第三条道路,实行包容和善待民办高校的政策,方是促进民办高等教育事业健康发展的明智之举②。

　　首先,坚持更宽松与更包容的原则。民办高等教育事业从创立到被社会所认同,往往需要较长一段时间,才能步入良性运转阶段。诸多民办高校的举办者经历过艰辛,从一砖一瓦开始基础建设,乃至今日许多学校仍在基础设施的建设之中,以达到教育部对于硬件设施的相关规定要求。此外,民办高校的教师显性或隐性流失的现象十分突出,师资队伍非常不稳定,水平较高的教师流向公立高校或是在外兼职等,"漏斗型"师资职称结构的状况一直未能得到有效的缓解,其中政府实行的与公办高校教师区别对待的政策是导致这些问题的重要原因。当然,民办高校还存在学科专业建设薄弱、人才培养模式创新改革不够、生源和招生质量缺乏保障等现象和问题。尽管经过几十年的发展,民办高校在办学规模和办学质量上都取得了显著成绩,但其办学条件和办学水平都有很大的上升空间。"可以说,民办高校的公益性还远没有完全发挥出来,公益性的质量也还有待提高。"③ 这就必然要求民办高校抓紧时间完善内外建制,提升办学水平,增强办学实力。而一直以来,政府对民办高等教育的政策限制较多,收紧的时间较长,从而制约了民办高等教育的稳步发展。因此,未来一段时间,至少 10 年内,政府应当采取

　　① 潘懋元,别敦荣,石猛. 论民办高校的公益性与营利性[J]. 教育研究, 2013 (3): 25.
　　② 潘懋元,邬大光,别敦荣. 民办高等教育发展的第三条道路[J]. 高等教育研究, 2012 (4): 1-8.
　　③ 潘懋元,别敦荣,石猛. 论民办高校的公益性与营利性[J]. 教育研究, 2013 (3): 33.

更为宽松的政策，甚至包容民办高等教育发展过程中存在的一些问题，为其营造一个平稳的发展空间，使其更为扎实地前进。

其次，保障良好的教育质量。这一点是保持民办高等教育公益性与营利性之间的合理张力的重要前提。没有良好的教育质量，教育公益性必然丧失，营利性也就无法保障。在一定程度上民办高等教育迈入教育市场，在市场的自由选择和竞争规律下，教育质量便成为其生存的重要前提。经过多年的发展，民办高等教育的公益性在一定程度上得到了认可，但部分民办高校在办学中表现出急功近利，如违规挪用办学资金、过于注重办学规模、办学投入逐年下降等，这在一定程度上损害了民办高等教育的社会声誉。因此，在民办高等教育政策制定与完善的过程中应当注重教育质量的提升，帮助民办高校树立良好的社会形象，使其步入健康可持续发展的道路。

再次，加强办学资金的监督。虽然《民办教育促进法》通过"合理回报"纠正了《教育法》之前关于"不得以营利为目的"的规定，但是另一个问题"合理回报的比例为多少"产生了，使这项"合理回报"的规定缺乏了可操作性。加之我国民办高校的创办经费基本上靠社会和个人出资，其办学收入主要来自学费收入。如若办学资金被抽离，民办高校将直接面临倒闭的危机。因此，民办高等教育相关的立法工作中应当加强对民办高校的办学资金监督，尤其是学费的监督，从而规范其办学行为。通过完善立法，也能够使民办高等教育走上有法可依、有法必依、执法必严、违法必究的发展道路。

最后，给予资本一定的营利空间。一定的营利性是可以促进公益性的实现的。在允许民办高等教育公益性与营利性并存的条件下，促进民办高等教育长足发展的当务之急是出台相应的措施保障民办高校一定的营利空间，制定激励其发展的政策法规。这就要求承认民办高校投资办学中营利问题的合理性，理清其营利性与公益性之间良性循环的关系。过于强调民办高等教育的公益性而反对投资办学的营利性是严重错误的。这只会是一种因噎废食的行为。事实上，我国高等教育目前仍过度依赖政府投入，民间投入严重不足。我国高等教育经费中，政府与非政府经费的比例是 1∶0.71。而 OECD（Organisation for Economic Co-operation and Development，经济合作与发展组织）国家的比例是 1∶1.1。美国、日本、韩国分别是 1∶1.8、1∶2、1∶2.7。而且，我国高等教育经费的民间投入主要体现在以学费为主的事业收入上，民间捐资、学校投资收入的比例非常低。而 2013～2014 年，美国 1 675 所私立非营利性高校教育经费总收入为 22 880 670.3 万美元，其中学杂费收入 6 768 215 万美元，占总收入的 29.58%，私人捐赠、助学金和合同款项为 2 582 125.8 万美元，占总收入的 11.29%[1]。只有政策中切实完善与落实"扶持与奖励"的各项规定，明确办学投资营利是合法化的奖励措施，民办高等教育办学投资者的积极性才能得到保护，也将有更多的投资者投入民办高等教育办学。因此，当前民办高等教育政策应当以实现民办高等教育的公益性与营利性双赢为前提来形成合理的价值选择。

---

① 赵文静. 金融危机背景下美国高等教育经费投入机制研究[D]. 郑州：郑州大学，2016：17.

第三节　民办高等教育政策的未来走向

事物发展的未来方向称为"走向"。政策的走向是政策解决和处理当前治理过程中出现的问题或是应对将来可能产生的问题而采取的态度和方法。各项政策的出台均是相关利益集团为了维护利益而采取的重要手段,充分体现了各利益集团的价值选择。价值选择决定了政策的基本目标,而基本目标决定着政策的内容及具体措施。对民办高等教育政策而言,其改革与发展的趋势基于一定的价值取向,民办高等教育利益集团对当前和未来教育活动中已经或是可能产生的问题采取相应的措施。各利益集团的价值取向直接影响到已经或将要采取的应对措施。

通过对民办高等教育政策在各个历史阶段演变,特别是进入 21 世纪以后民办高等教育政策发展的基本动向进行描述与分析,我们可以对目前民办高等教育政策做出这样的简要判断:在政策主体上呈现多元化,在政策内容上追求具体可行,在政策过程上注重监测与评估,在政策理念上贯穿公益与营利的双赢原则。遵循事物发展的普遍规律,未来源于历史与当下,民办高等教育政策的未来发展趋势同样如此。这是历史发展的必然,也是应对当前面临的内外矛盾与危机的有效策略。因此,本书以民办高等教育政策的历史和当前的成效与问题为参照来对民办高等教育政策的未来走向进行论述。

一、保持政府与民办高校之间的合理张力,协调政策主体之间的关系

政府与民办高校之间关系的协调与融合程度将对民办高校的办学特色与发展定位产生重要影响。而这种融合与协调关系的建构需要政策主体发挥各自的主体能动作用。纵观改革开放以来民办高等教育政策的发展,作为占据主导地位的政府经历着不断的角色转变,从单一的垄断主体逐渐变为多元政策主体之一,而民办高校在逐渐增多的政策参与进程中,有效地推动了民办高等教育政策的决策科学化与民主化。

我国教育治理的路径和目标是:以转变政府职能为突破口,以构建政府、学校、社会新型关系为核心内容,旨在形成政府宏观管理、学校自主办学、社会广泛参与的格局,更好地调动中央政府和地方政府的积极性,更好地激发每个学校的活力,更好地发挥全社会的作用[①]。对于民办高等教育治理而言,其同样涉及政府、民办高校与社会三者之间相互交错的关系,包括了政府与社会的关系、民办高校与社会的关系、政府与民办高校的关系。这里"社会"主体主要指民办高等教育领域的各种利益相关者和各种社会组织。在实现多元主体参与的教育治理背景下,由于政府和民办高校两大主体在民办高等教育治理中的地位和作用较为突出,保持政府与民办高校之间的合理张力进而协调政策主体间的关系将是实现民办高等教育有效治理的一种必然趋势。而如何保持两者之间的合理张力需要处理好两个方面,即政府的主导作用及元治理角色和民办高校的自治与自

---

① 袁贵仁. 深化教育领域综合改革,加快推进教育治理体系和治理能力现代化:在 2014 年全国教育工作会议上的讲话[Z]. 2014-01-15.

主。这一理念将影响未来一系列民办高等教育政策的制定与完善。

1. 政府的主导及元治理角色

民办高等教育除了直接给受教育者带来各种收益与满足之外，还呈现出明显的正外部效应，具有较强的社会功能，并能给国家带来较大的社会效益。作为社会公共利益的代表，政府理所当然地应该承担起改革与发展民办高等教育的重要责任。在民办高等教育政策发展历程中，过去单一主体的政府管理正在被多元主体的共同治理逐渐替换，一定程度上限制了政府的不当干预，也放权于社会和学校，但是这并不意味着政府的作用由此减弱或是消退。

政府的主导作用是值得肯定的。在治理的视角下，政策在民办高等教育发展中的角色需要由监控者转变为监督者。政府对民办高等教育的管理应当更加注重在政府、社会和民办高校之间进行相互的协调与监督，将主要权力转化和让渡给民办高校及相关社会组织，适当和合理地引入市场机制，促进资源的合理配置，政府应更多地发挥规范和监督的作用。当然，为了保障政府主导作用的发挥，避免形成政府管理的"权力性真空"，政府也有必要不断加强和集中教育行政立法权、宏观调控权和依法监督权，对民办高校办学行为中不规范甚至违法的行为，如乱收费、盲目增加招生专业和人数、挪用办学资金等问题，切实履行自己的依法监督权。因此，政府对民办高等教育既不能放任不管，也不能独断专行，更不能弱化依法监督权。

概括而言，在治理的视角下，政府在民办高等教育政策的多元主体中担当的是"元治理"角色。"元治理"（meta-governance）这一概念由英国学者鲍勃·杰索普（Bob Jessop）在 1977 年首次提出，元治理不可混同于建立一个至高无上、一切治理安排都要服从的政府。相反，它承担的是设计机构制度，提出远景设想，它们不仅促进各个领域的自组织，而且还能使各式各样自组织安排的不同目标、空间和时间尺度、行动以及后果等相对协调[1]。元治理强调的是保障政府在治理中的影响力与控制力。对于民办高等教育发展而言，政府需要做的是为其进行远景设计、制定规划、确立目标和协调行动，从而既实现政府的合理干预，也实现民办高校的自治。政府的积极作用需要被保护，并主要用于为民办高等教育发展提供政策支持与法律保障。为此，"需要构建'强政府-大社会'的治理结构，既强调多元主体合作参与，又突出政府的'元治'角色"[2]。

就民办高等教育政策发展而言，要更好地发挥政府的主导作用和"元治理"角色作用，需要做好以下 4 个方面的工作。第一，整合多元主体的利益诉求，扩大教育的公益性，同时保障教育的营利性；第二，明确民办高等教育政策的基本价值取向和发展目标，注重解决多元政策主体的目标分化问题，为多元主体共同参与的治理提供科学合理且一致的行动原则和标准；第三，加强宏观统筹与规划，保障政策体系的系统性与一致性，避免产生教育改革分散化和碎片化的现象及问题；第四，确立多元主体参与的治理效果

① JESSOP BOB. The Rise of Governance and the Risk of Failure: the Case of Economic Development[J]. International social science journal, 1998(155): 29-45.

② 于水，查荣林，帖明. 元治理视域下政府治道逻辑与治理能力提升[J]. 江苏社会科学，2014（4）：143.

的问责机制，以保障政策效应的正当性与有效性。总之，政府必须"加强自身能力建设，通过建设一个充满现代精神的'服务政府、法治政府、责任政府'来完成其'元治理'的使命"①。

2. 民办高校的自治与自主

在民办高等教育走向多元主体共同参与的治理中，不同主体所发挥的作用是不能互相替代的。政府的主导、民办高校的自治、社会的多种利益诉求对推动民办高等教育政策改革与发展在功能上是互补的，对社会的贡献也是独特的。这种功能互补恰好是民办高等教育政策体系走向科学性、合理性、系统性的一种体现。在民办高等教育政策四大主体中，民办高校是较为重要的主体。在我国行政主导式的国家体制之下，这一主体可以理解为仅次于政府的重要主体。在民办高等教育政策演变的历程中，无论是政府与民办高校，还是民办高校与社会、民办高校与家长、民办高校与学生的关系中，民办高校一直都是重要的利益相关者。

深化理解政府的主导作用及元治理使命的理念对于实现治理有着重要的意义，但同时，民办高校的自治与自主也需要进一步加强。自治是相对于政府单一的"他治"而言的。民办高校的自治是指协调与融合政府与民办高校之间的关系，推进政府放权、分权或授权给民办高校，改变"管理"为"治理"的模式，减少政府不合理、不恰当的行政干预，切实完善民办高校办学的自主权，能够使其真正成为独立办学的主体，实现自主管理、自主办学②。伴随市场经济体制的改革与发展，我国教育管理体制已然发生了变革，这也充分体现在教育政策之中。《国家中长期教育改革和发展规划纲要（2010—2020年）》明确提出"办学体制改革"和"管理体制改革"，其中强调指出"依法落实民办学校、学生、教师与公办学校、学生、教师平等的法律地位，保障民办学校办学自主权"③，"改变直接管理学校的单一方式，综合应用立法、拨款、规划、信息服务、政策指导和必要的行政措施，减少不必要的行政干预"④。一方面，政府及教育行政部门要树立服务意识，完善宏观管理制度；另一方面，民办高校要自主制定和完善学校发展规划，自主开展教学与科研、自主管理学校资产与经费、自主管理和培养师资队伍、自主确定薪酬制度。当然，民办高校的自治与自主并不是独自为政或专制，而是民办高校的主要利益相关者及部分非政府组织充分参与下的共治，其宗旨是让民办高等教育事业步入有法可依和有法必依的发展道路。

通过上述两个方面的分析，我们可以得出这样一个结论：无论从政府的主导作用及其元治理角色来看，还是从民办高校的自治与自主来看，政府向民办高校部分放权、分权或授权都是当前及未来民办高等教育发展的必然趋势。保持政府与民办高校之间的必要张力成为当前民办高等教育政策的一项重要原则。只有坚持和实现这一项重要原则，

---

① 褚宏启，贾继娥. 教育治理中的多元主体及其作用互补[J]. 教育发展研究，2014（19）：6.
② 褚宏启. 教育治理：以共治求善治[J]. 教育研究，2014（10）：4-11.
③ 《国家中长期教育改革和发展规划纲要（2010—2020年）》（2010）第四十三条。
④ 《国家中长期教育改革和发展规划纲要（2010—2020年）》（2010）第四十七条。

民办高等教育政策实现教育的公益性与营利性双赢的目标才有可能真正实现。具体而言，民办高等教育政策未来将依此原则制定和完善各项政策法规，改变政府对民办高校管得过多和控得过死的局面，在准入限制、专业课程设置、学制的确立、招生数量、学校规模、学费标准、学位授予等方面减少指令性政策，让民办高校的办学更具活力。政府要以"公正裁判"为理念让民办高校办学找准自己的定位，形成自己的办学特色，真正形成与公办高校并驾齐驱的高等教育发展格局。

二、坚持开放性原则，建构完善的政策体系

　　从改革开放至今的民办高等教育发展实践来看，民办高等教育政策是推动民办高等教育前行的决定性因素，表现出显著的导向和调控作用。从 1982 年的《宪法》到 2002 年的《民办教育促进法》，再到 2010 年的《国家中长期教育改革和发展规划纲要（2010—2020年）》，在将近 30 年的时间里，国家的民办高等教育政策整体上呈现出鼓励与限制并行的政策特征。与发轫之初的社会环境相比，目前的民办高等教育面临的发展环境已经发生了巨大的变化，尤其是《国家中长期教育改革和发展规划纲要（2010—2020 年）》的颁布实施，明确指出"民办教育是教育事业发展的重要增长点和促进教育改革的重要力量"[①]，并提出要"大力支持"和"大力发展"民办教育，这就为我国民办高等教育事业提供了崭新的政策背景，也标志着民办高等教育政策迈入了一个新的发展时期，民办高等教育事业将随之迎来更为优越的发展机遇。同时，政府和民办高校自身对民办高等教育均有着更高的期待和要求，社会对民办高等教育有了新的愿景，对民办高校的教育质量有了明确的期待。因此，面对新的机遇和新的挑战，民办高等教育政策必须坚持开放性的原则，即采取开放的精神制定和完善中观及微观层面的政策，使之满足当前及未来一段时间民办高等教育治理的实际需要。

　　坚持开放性原则作为未来民办高等教育政策发展的一项重要原则，主要基于以下两个方面的原因。

　　第一，坚持开放性原则将有利于未来民办高等教育的均衡发展。就区域而言，目前我国民办高校地区分布不均衡直接引发了民办高等教育的地区发展的不均衡。教育部2018 年相关统计数据显示，我国民办普通高校数量已达 749 所（含独立学院 265 所）[②]。几十年间民办高等教育能够在我国发展壮大到如此规模，确实令人欣慰。但是伴随规模的不断扩大，民办高校区域分布不均衡的问题也日渐引起学术界和社会的共同关注。教育部 2018 年教育统计数据显示，2018 年我国民办高校数量前三的省市分别是上海（210所）、山东（65 所）和北京（64 所）[③]。由于我国地域辽阔，地区间社会经济发展不平衡，各省地方政府对民办高等教育发展的重视程度有很大差距，民办高等教育在各地区的发展重点和发展速度存在很大差异。根据各地区经济社会发展的实际情况，各地区出

---

　　① 《国家中长期教育改革和发展规划纲要（2010—2020 年）》（2010 年发布）第四十三条。
　　② 中华人民共和国教育部.各级各类民办学校校数、教职工、专任教师情况[EB/OL]. (2019-08-12) [2020-03-15]. http://www.moe.gov.cn/s78/A03/moe_560/jytjsj_2018/qg/201908/t20190812_394234.html.
　　③ 中华人民共和国教育部. 高等教育学校（机构）数[EB/OL]. (2019-08-08) [2020-03-15]. http://www.moe.gov.cn/s78/A03/moe_560/jytjsj_2018/gd/201908/t20190812_394204.html.

台的民办高等教育政策既有开放性的，也有保守性的，或者是开放与保守兼具的。政策所遵循的原则存在较大差异，加上各地区经济发展的不平衡，导致了我国民办高等教育发展的非均衡化倾向日益显著，而且出现区域发展差距日渐明显的走势。事实上，在民办高校区域分布不均衡的现状背后所体现出的，既包括民办高等教育政策执行存在区域偏差，也包括其政策区域开放程度的差异。因此，面对未来兼顾规模与质量的民办高等教育发展之路，坚持政策的开放性原则是确保其健康、稳定发展的必然要求。

第二，坚持开放性原则将有利于民办高等教育的繁荣发展。从 1980 年我国第一所民办高校九嶷山学院（现湖南九嶷职业技术学院）成立至今，民办普通高等教育的数量已经发展至 2018 年的 749 所。民办高等教育事业的发展伴随着其政策的变迁。从政策颁布的数量来看，1982 年《宪法》颁布至今，国家颁布的有关民办高等教育发展的政策（在本书的统计对象范围之内）共计 44 项，平均每年 1 项。这说明我国对民办高等教育的重视程度还不够。

从政策颁布的时间来看，除 1983 年、1984 年、1989 年、1992 年、2003 年、2009 年、2011 年、2013 年、2014 年、2015 年和 2017 年这 11 年没有颁布涉及民办普通高等教育发展的政策外，其他每年均有 1 项或多项，尤其是 1986 年、1987 年、1988 年、1995 年、2000 年、2001 年、2002 年、2008 年、2010 年这 9 年每年都有 2 项，1993 年、1996 年、1997 年、1999 年这 4 年每年都有 3～4 项。这说明伴随民办高等教育的不断发展，与之相对应的政策也在逐年增加，但是政策的颁布不具有连续性，反映出政策开放性和前瞻性的缺失，导致政策系统的不完善，从而影响民办高等教育的健康持续发展。

1982～2018 年我国民办高等教育政策各年份颁布数量统计如表 8-1 所示。

表 8-1 1982～2018 年我国民办高等教育政策颁布各年份数量统计

年份	数量	年份	数量	年份	数量	年份	数量
1982	1	1992	0	2002	2	2012	1
1983	0	1993	3	2003	0	2013	0
1984	0	1994	1	2004	1	2014	0
1985	1	1995	2	2005	1	2015	0
1986	2	1996	3	2006	1	2016	1
1987	2	1997	4	2007	1	2017	0
1988	2	1998	1	2008	2	2018	1
1989	0	1999	3	2009	0		
1990	1	2000	2	2010	2		
1991	1	2001	2	2011	0		

从政策颁布的名称来看，政策名称多样，主要包括法律、决定、纲要、条例、计划、通知、复函、规定、办法、意见，其中以通知（14 项）为最多，纲要和条例最少。在政策发展初期，通知和规定为主要形式；在发展中后期，纲要、计划等带有较强预测性的形式逐渐增加。整体来看，法律、条例这样具有强制性与规范性形式的政策占小部分。1982～2018 年，涉及民办高等教育发展相关的政策中"法"和"条例"形式的共计 5

项，分别是《教育法》（1995 年发布）、《社会力量办学条例》（1997 年发布）、《高等教育法》（1998 年发布）、《民办教育促进法》（2002 年发布）、《民办教育促进法实施条例》（2004 年发布），其中直接与民办高等教育相关的仅有 2 项（《社会力量办学条例》已于 2003 年 9 月 1 日废止）。这在一定程度上说明我国民办高等教育政策是"以补救性政策为主，规范性的法律保障和前景预测性的政策较为缺乏"[①]。显然，民办高等教育政策的发展落后并严重制约了民办高等教育发展的进程。

从政策颁布的部门来看，部门相对繁多，主要包括了最高国家权力机关全国人民代表大会、最高行政机关国务院、教育部、财政部、原劳动部、中宣部、中组部、国家发展和改革委员会等部门，其中以教育主管部门教育部颁布的政策最多。这一方面说明，教育部作为主管民办高等教育的部门为民办高等教育的发展做出了综合部署；另一方面说明，参与政策制定的部门较多，难免出现多头管理或管理真空的情况，反而不利于民办高等教育的规范有序发展。

从政策颁布的内容来看，主要包括以下几个方面：民办高等教育发展的基本原则、政府职责、民办高校权利与义务、民办高校的管理与监督、民办高校的扶持与奖励、民办高校的资产与财务管理、民办高校的申审、民办高校的变更与终止、民办高校的师生权益、民办高校的教育质量、民办高校的学历学位颁发等。这些政策内容呈现出过于稳定的发展特征。如国家对民办高等教育管理的基本方针演变的过程：《中国教育改革与发展纲要》（1993 年发布）首次提出"国家对社会团体和公民个人依法办学，采取积极鼓励、大力支持、正确引导、加强管理的方针"[②]；《社会力量办学条例》（1997 年发布）仍然重申该方针"国家对社会力量办学实行积极鼓励、大力支持、正确引导、加强管理的方针"[③]，仅在"社会力量办学"上给予了新的表述；相隔 5 年之后，《民办教育促进法》（2002 年发布）颁布并提出"国家对民办教育实行积极鼓励、大力支持、正确引导、依法管理的方针"[④]，以"依法"取代了之前的"加强"二字。前后经历近 10 年的时间才将民办高等教育发展引上"依法管理"的道路，可见该政策调整的速度十分缓慢，这也势必影响民办高等教育的改革与发展。此外，在该政策内容演变中可以体现出各个阶段政策内容关注的重点是随着政府与民办高校之间关系的变化而逐渐改变的。在政策的起步阶段，关注的重点是民办高等教育的性质与地位问题；到了政策的推进阶段，关注的重点仍然是民办高等教育的地位问题；到了政策的拓展阶段，关注的重点转向了民办高等教育与公办高等教育共同发展的问题；到了政策的深化阶段，关注的重点开始向民办高校的自治与自主范畴倾斜。总体来说，我国民办高等教育政策的发展呈现出一定的开放性与前瞻性，有效地促进和规范了民办高等教育各个发展阶段的办学行为。

但是其政策的开放性程度显然不够，尤其是在经费政策和招生政策方面形成了制约当前和未来民办高等教育发展的壁垒。而经费与生源问题是关系到民办高校生存与发展

---

① 佟欣. 改革开放以来我国民办高等教育政策演变分析[D]. 上海：上海交通大学，2009：38.
② 《中国教育改革和发展纲要》（1993 年发布）第十六条。
③ 《社会力量办学条例》（1997 年发布）第四条。
④ 《民办教育促进法》（2002 年发布）第三条。

至关重要的两项因素，也是实现教育规模与教育质量协同发展的重要保证。近年来，由于社会物价水平的持续上涨，民办高校的办学成本不断增加，政府的财政资助收效甚微，同时政府对民办高校办学条件的要求不断提高，各种教育监督与评估不断增多，部分民办高校出现了办学收入只能维持日常教育教学活动，已无余力投入学校的再建设中的现象。经费不足也引发了社会对民办高校办学质量的担忧。导致经费问题的一个重要原因在于国家政策的开放性程度不够，换言之就是过于封闭，"控得过死"。以学费为例，《教育法》（1995 年）第五十三条规定："企业事业组织、社会团体及其他社会组织和个人依法举办的学校及其他教育机构，办学经费由举办者负责筹措，各级人民政府可以给予适当支持。"《民办教育促进法》第三十七条规定："民办学校对接受学历教育的受教育者收取费用的项目和标准由学校制定，报有关部门批准并公示；对其他受教育者收取费用的项目和标准由学校制定，报有关部门备案并公示。"《民办教育促进法实施条例》第三十五条规定："民办学校对接受学历教育的受教育者收取费用的项目和标准，应当报价格主管部门批准并公示；对其他受教育者收取费用的项目和标准，应当报价格主管部门备案并公示。具体办法由国务院价格主管部门会同教育行政部门、劳动和社会保障行政部门制定。"根据以上法律规定，实施学历教育的收费项目和标准由学校"制定"并报"价格主管部门批准并公示"，实施非学历教育的收费标准由学校"制定"并报"价格主管部门备案并公示"。2010 年 4 月，《关于 2010 年治理教育乱收费规范教育收费工作的实施意见》（教财〔2010〕2 号）印发。同年 5 月，《关于切实做好治理教育乱收费工作的通知》（财综〔2010〕37 号）印发，从国家层面对教育收费进行了严格管理。这些规定看似将民办高校与公办高校的收费标准公平对待，但事实上忽略了学费收入是民办高校的主要收入来源。

此外，政策对于民办高校招生的严格计划管理也是影响民办高等教育生机与活力的重要原因。《民办高等学校办学管理若干规定》（2007 年发布）第十三条规定："民办高校招收学历教育学生的，必须严格执行国家下达的招生计划，按照国家招生规定和程序招收学生。对纳入国家计划、经省级招生部门统一录取的学生发放录取通知书。"2004年的《民办教育促进法实施条例》第二十七条规定："民办学校享有与同级同类公办学校同等的招生权，可以自主确定招生的范围、标准和方式；但是，招收接受高等学历教育的学生应当遵守国家有关规定。县级以上地方人民政府教育行政部门、劳动和社会保障行政部门应当为外地的民办学校在本地招生提供平等待遇，不得实行地区封锁，不得滥收费用。民办学校招收境外学生，按照国家有关规定执行。"尤其是其中"招收接受高等学历教育的学生应当遵守国家有关规定"的限定，将民办高校纳入了和公办高校同样的招生统一计划管理之中。但是照搬公办高校的招生模式对于民办高校是不合理的。民办高校和公办高校在办学体制、资金来源和办学主体上存在显著差异，采取所谓"一视同仁"的学费政策和招生政策，势必对民办高校的教育质量和规模产生严重的负面影响。

目前，我国民办高等教育政策主体逐渐走向多元化，这也正是坚持开放性的重要特征。此外，坚持开放性还要求注重政府作为决策者的权威地位，但绝不是唯一的政策制定主体，而是强调建构一个以政府为中心，各政策主体相互竞争与合作的决策模式。只有坚持开放性原则，才能"检验民办教育政策是否具有科学性和生命力，要看它是否符合民办高校建设与发展的实际，是否符合民办教育的市场化规律，是否充分发挥了民办高校的体制机制优势，是否激发了民办高校源源不断的创造性活力"①。

三、扩大教育的公益性，整合政策价值追求

"教育政策作为对教育场域中各种给教育权利和义务进行分配所指定的行为准则，衡量其价值维度的两个最重要的标准是正当性与有效性"②。在现代民主社会，一项合理的公共政策的目的是促进"公共利益"，否则，它就是不必要的或是不合理的③。扩大教育的公益性是民办高等教育稳步且可持续发展的重要前提。因此，扩大教育的公益性应当是未来民办高等教育政策价值追求整合的重要方向。

在《现代汉语词典（第 7 版）》（中国社会科学院语言研究所词典编辑室编，商务印书馆 2016 年版）中对"公益"的解释是"公共的利益"，多指卫生、救济等群众福利事业。英文中"public benefit"（公共利益）和"public welfare"（公共福利）是与之相对应的表述。古往今来的统治者都十分重视对教育的控制，直接出资办"官学"。在近代社会，政府利用公共财政大力发展公立高校，以期教育的公益性可以通过公立高校这一载体而充分实现。那么，是否国家的公立教育比例与其教育公益性程度成正比呢？已有研究成果表明，国家高等教育的公益性程度与该国的公立高校比例没有必然联系。有学者对国外几十个国家教育体制进行分析后，概括出以下 3 种主要类型：①私立高等教育主导型，有菲律宾、韩国、日本、哥伦比亚、智利等国；②私立和公立高等教育均衡发展型，有巴西、印度等国；③私立高等教育补充型，世界上大多数国家和地区的教育体系属于该类型。其中韩国和日本的高等教育以私立高等教育为主导，也成功地实现了高等教育普及化，并未出现教育供应不足④。正如《国家中长期教育改革和发展纲要（2010—2020 年）》（2010 年发布）中所提出的，"形成以政府办学为主体、全社会积极参与、公办教育和民办教育共同发展的格局"⑤，教育公益性的程度在公办和民办高等教育的共同推动下将不断得以提高。有学者提出"面对不同办学体制的学校，政府既应该按照'公益性原则'对所有学校同等对待，也需要按照'责权对等原则'，对公益性不同的学校区别对待和管理"⑥。公益性越强，学校所获得的资助与奖励就越多，不再以"是否由公共财政办学"为标准对民办和公办高校进行区别资助、管理和评价。

民办高等教育的公益性指向的是民办高等教育能够为国家和社会增加的公共利益。长期以来，民办高等教育公益性被其资本先天的营利性掩盖，但是伴随办学规模的不断

---

① 黄藤. 民办高等教育可持续发展的政策演进：必须坚持开放性原则[J]. 浙江树人大学学报（人文社会科学版），2011（2）：7.

② 彭华安，彭满阳. 论教育政策的正当性[J]. 教育理论与实践，2010（1）：24.

③ 这并不意味着对于每一项潜在的"公共利益"政府都有必要颁布相关的公共政策，这是不可能的。但是政府必须以"公共利益"为前提提出台每一项公共政策。

④ 高金岭. 国际视野中的私立教育发展模式研究[J]. 教育理论与实践，2000（11）：19-23.

⑤ 《国家中长期教育改革和发展规划纲要（2010—2020 年）》（2010 年发布）第四十二条。

⑥ 高月勤，金玉梅. 教育产权制度下我国"择校热"背后的利益关系分析[J]. 现代中小学教育，2014（12）：1-4.

扩大和办学水平的不断提高，并且得到社会一定程度的认可，其公益性价值也日益突出。民办高等教育的公益性主要表现在两个方面：首先是培养人才，通过对学生德、智、体、美各方面的培养为社会输送合格的公民和劳动者；其次是扩大社会公益，表现在缓解教育财政压力、扩大教育机会、增加教育选择、促进公立高等教育改革和教育公平等方面。事实上，教育公益性程度对民办高等教育的生存与发展有着一定的影响。公益性程度是衡量民办高校办学水平和办学质量的重要标准。没有良好的人才培养质量和不断扩大的社会公益，民办高校的社会认可度就会降低，随之而来的可能是生源数量的急剧下降，引发生存危机。基于民办高等教育非财政经费办学的特殊性，本书认为，切实落实鼓励和资助民办高等教育的政策是扩大教育公益性的首要任务。

社会上关于政府是否对民办高等教育提供财政资助的问题一直争议不断。直到2010年，《国家中长期教育改革和发展规划纲要（2010—2020年）》明确提出"健全公共财政对民办教育的扶持政策"，对民办高等教育财政资助问题终于达成共识。现阶段，如何进行财政资助以健全民办高等教育扶持政策成为推进分类管理背景下的一项重要议题。从国家经验来看，世界上许多国家采用不同的形式对私立学校提供经济资助，其中不仅包括给办学机构直接的经费资助，还包括给这些机构的学生奖学金、助学金、贷款贴息、减免税收等间接补贴。

而我国政府对待民办高等教育主要是给予非财政资助，主要体现为《民办教育促进法》中所规定的促进民办教育发展的多种优惠政策，包括土地使用和税收优惠、财产保护、师生法律地位的保护、信贷和接受捐赠的支持、使用闲置公共资源的支持。但是这些非财政资助难以激发民办高等教育办学者的积极性，甚至使办学者丧失自信，政府应进一步加强对民办高校的直接财政资助[①]。实际上，我国已经做出了一些对民办教育进行直接财政资助方面的规定。《民办教育促进法》第四十四条规定"县级以上各级人民政府可以设立专项资金，用于资助民办学校的发展，奖励和表彰有突出贡献的集体和个人"，第四十五条规定"县级以上各级人民政府可以采取经费资助，出租、转让闲置的国有资产等措施对民办学校予以扶持"。根据这些政策规定，我国中央和一些地方政府已经打破民办教育没有公共财政资助的传统，在国家示范性高职院校建设项目中，已经将民办高校纳入其中，对于符合建设要求的民办高校给予同等的经费资助。《国家中长期教育改革和发展规划纲要（2010—2020年）》第四十三条也明确提出"健全公共财政对民办教育的扶持政策。政府委托民办学校承担有关教育和培训任务，拨付相应教育经费。县级以上人民政府可以根据本行政区域的具体情况设立专项资金，用于资助民办学校。国家对发展民办教育做出突出贡献的组织、学校和个人给予奖励和表彰"。但从政策具体执行上来看，上述政策存在多方面的不足。"首先，对营利性和非营利性民办学校缺乏明确的分类资助规定，使得地方政府对支持民办教育心存疑虑；其次，目前的规定缺乏可操作性，在实际执行中缺乏有力的依据；最后，资助力度明显不足，政策提出了土地使用权转让优惠、事业收入税费减免等方面的间接支持，但直接的财政资助相对较少"[②]。因而，政府必须加强对民办高等教育的直接财政资助，这将快速有效地推动

①　文东茅. 调整财政政策 促进民办教育发展[J]. 民办教育研究，2004（5）：5-8.
②　崔盛. 分类资助对我国民办教育的启示[J]. 中国人民大学教育学刊，2013（2）：159.

民办高等教育事业及整个高等教育体系的发展。

第一，增加办学资金。办学资金的增加无疑将对教育质量的提高有着现实的意义，从而可以提高社会声誉、增强办学竞争力和吸引力。民办高校多采取"以学养学"的发展模式，以学费作为主要办学资金，资金来源十分有限，而且有限的资金既要用于日常教育教学工作，也要用于学校的基础建设。加之"合理回报"问题的不可操作性，民办高校的办学出资者对于再投入资金办学的力度难以把握。由于政府的财政支持缺乏和办学出资者的投入有限，民办高校的教育质量难以取得竞争优势，也很难在高昂的学费下吸引到数量足够且高质量的生源。如果财政资助政策能够有效建立，政府设立专门的经费支持民办高校的发展，如专项教师培训、实验室建设、实习实训场所建设、教职工补助等，则民办高校可以有效地提高教育教学质量，获得更为广泛的社会认可和支持。

第二，加强政府对民办高校办学的干预。政府的合理干预不仅可以提高民办高校办学的规范性，而且可以提升其社会信任度。如果财政资金直接资助民办高校，政府将有权力和责任更为积极地引导民办高校的发展，从而有效发挥政策的导向作用，引导民办高校依法办学，积极发挥民办高等教育在实现社会公益方面的重要作用。当然，无论对于民办高校，还是社会、家长和学生，政府直接财政资助政策的颁布实施都是一种积极的信号，能够充分体现出政府对民办高校办学的理论认可和实践支持，也能够增强民办高校办学的自信心，以及家长和学生对民办高校发展的信任感，对于民办高等教育事业的长足发展极其重要。

第三，降低学费水平。降低学费水平就意味着能够使更多的人有支付民办高校学费的能力，也就可以扩大招生范围。全球范围内私立高等教育迅速扩张的根本原因在于，"教育的社会需求与公共教育供给之间的矛盾，主要是公共财政资源无法满足社会接受教育数量和类型的需求，再加上国际化和市场化的驱动力，使得市场利率在举办教育事业中扮演了比以往更加突出的角色"[①]。换言之，依靠捐赠作为民办高校办学主要经费来源的仅是美国等少数国家。对于多数国家而言，学费收入仍是民办高等教育发展的主要来源。目前我国民办高校的学费收入普遍偏高，能够支付这一学费水平的人群有限，这自然就限制了民办高校的发展空间。在推进分类管理政策的背景下，如果政府能够有效地制定关于给予就读不同类型民办高校学生资助的政策（如其他国家实行的教育券、学费退税等），则可以减轻就读学生家庭的经济压力，增加民办高校的招生数量。

总之，在推进分类管理的背景下，对于不同性质的民办高校，给予的资助政策也应有所不同。有学者提出"参考美国分类资助私立大学的相关经验，对我国民办学校的资助政策应主要针对非营利性的民办学校。对于营利性的民办学校，根据资助情况不同也可区别对待"[②]。设计合理的民办高等教育财政资助政策体系将有助于增强民办高等教育的公益性。

---

① 阎凤桥，林静. 商业性的市民社会：一种阐释中国民办高等教育特征的视角[J]. 教育研究，2012（4）：62.

② 崔盛. 分类资助对我国民办教育的启示[J]. 中国人民大学教育学刊，2013（2）：159.

四、改善和提高教育公平度，优化政策环境

教育公平与教育发展之间相互结合的这种逻辑关系，根本在于教育公平作为教育民主化的一个基本指标，本身就是教育发展的重要内容，也是衡量教育发展水平和质量的基本标准。不能改善和提高教育公平的教育发展，严格地讲，不能叫做教育发展。[①]从我国教育发展的实践可以清楚地发现，伴随各项教育改革的深化，教育公平日渐成为教育发展的重要目标和内容。在改革开放以后颁布的各项民办高等教育政策文本之中，可以十分明确地看到，质量与公平的词汇已经逐渐取代了数量与规模，包括"坚持教育公益性""鼓励公平竞争""创新体制机制和育人模式""提高质量""办出特色""清除并纠正对民办学校的各类歧视政策"等。《国家中长期教育改革和发展规划纲要（2010—2020年）》（2010年发布）第二条中明确提出"把促进公平作为国家基本教育政策"，并进一步指出"教育公平是社会公平的重要基础"，"教育公平的主要责任在政府，全社会要共同促进教育公平"。教育公平这一概念具有十分广泛的内涵，基于不同的视角可以有不同的理解。一是从教育学本身来看，教育公平强调教育权的公平。对民办高等教育而言，并非只有国家拥有教育权，民办高校和社会等主体也享有各自的教育权，并可在一定的范围内行使。二是瑞典著名教育学家胡森为代表的观点，是从法理的角度理解的，强调受教育权的平等。1948年联合国大会确立了"教育机会均等"的两项原则：废除种族歧视和人人享有均等的受教育的权利。三是从经济学角度来看，教育公平强调教育资源分配的平等。综合上述对教育公平理解的多种观点，大致可以理解为，教育公平主要包括受教育权的平等、教育权的平等和教育资源分配的平等3个方面。

根据上述对教育公平内涵的基本理解，结合民办高等教育发展的实践，我们不难发现，在教育权、受教育权和教育资源分配3个方面均存在公平制度环境的缺失问题。

1. 教育权的不公平

伴随改革开放的步伐，20世纪80年代停滞发展的民办高等教育在我国复苏，随着民办高校的不断建立，其教育权也在一定程度上实现，成为公办教育的有益补充。经过30余年的发展，民办高校的教育权在诸多方面仍然存在公平缺失的现象，并主要体现在办学规模与办学层次两大方面。

从办学规模来看，民办高校的办学规模与发轫之初相比取得了显著的成绩。自1980年第一所民办高校创建以来，教育部数据显示，截至2018年我国民办高校已达749所（含独立学院265所）。38年间平均每年有20所民办高校建立，这样的快速发展是令人欣慰的。但是如果与公办高校的发展形势相比，民办高校在规模和数量上均远远落后于公办高校，显然难以形成与之并驾齐驱的格局。从2009~2018年我国民办高校与公办高校的数量对比情况来看，2009年民办高校656所，公办高校1649所，两者数量差距993所；到2018年，此差距增加到1165所。近9年来，民办普通高等学校共增加93所，平均每年增加10所；而公办高校共增加265所，平均每年增加30所。公办高校增

---

① 谢维和，李乐夫，孙凤，等. 中国的教育公平与教育发展（1990—2005）——关于教育公平的一种新的理论假设及其初步证明[M]. 北京：教育科学出版社，2008：202.

加的数量明显高过民办普通高等学校数量，这一差距彰显出民办高等教育在办学规模上的不公平。

从办学层次来看，民办高校的本、专科办学层次与公办高校的本、专科办学层次的差距不大，但民办高校的研究生培养机构明显少于公办高等教育机构。教育部数据显示，截至 2018 年，我国普通高等学校共计 2663 所（含 749 所民办高校），其中本科院校 1245 所、高职（专科）院校 1418 所。这一统计数据显示，公办本科院校 826 所，公办高职（专科）院校 1088 所，而民办本科院校 419 所（含独立学院 265 所）、民办高职（专科）院校 330 所。这说明民办高校与公办高校在本、专科办学层次上差别甚微。但教育部 2018 年高等教育学校（机构）数统计显示，我国研究生培养机构中普通高校为 580 所，其中公办高校为 575 所，而民办高校仅为 5 所。这一巨大差异呈现出民办高等教育在办学层次上的不公平。

2. 受教育权的不公平

民办高校的学生是民办高等教育的直接受教育者，他们的受教育权公平问题充分体现在从招生到就业的受教育全过程中。

首先是教育起点的不公平，即民办高校的生源问题。长期以来，我国民办高校的招生自主权受到中央和地方两级政府的严格限制。由于照搬公办高校的招生模式，民办高校表面上受到"一视同仁"的公平对待，实则遭受不公平待遇。例如，一些地方教育行政部门为了防止生源外流，随意减少民办高校的统招指标，对外地民办高校招生宣传的审批等进行严格压制，致使民办高校的生源数量和生源质量都受到严重的影响。

其次是教育过程的不公平，即民办高校的教育质量问题。教育质量是学校的生存之本。而参与教育过程的重要主体是教师与学生，他们的待遇问题在一定程度上能够反映出教育公平的问题。以国家奖助学金为例，2007 年国家奖助学金政策的一个重要变化是将民办高校的在校学生纳入国家奖助学金资助对象的范围，这也是政府推动教育机会公平的一项积极举措，但是这项政策仅仅规定的是获奖助学金的生均标准而未规定获资助人数，且政府财政预算的整体资助额度并未有相应比例的扩大。由于各类高校的学生成绩存在一定差距，如果只是按比例平均资助，那会出现另一种教育不公平现象。实际上，民办高校的学生在评优、评奖、助学贷款等问题上未能与公办高校学生等量齐观。此外，由于经费投入不足，民办高校不仅存在硬件设施不能满足教育教学需求的情况，而且存在实习实训基地建设、图书馆资源、师资状况等软件条件的欠缺。这就难以保证民办高校学生享有与公办高校学生同等的受教育权。而这些因素也决定着民办高校的教育质量，直接影响到学生参与教育过程的公平程度。

最后是教育结果的不公平，即民办高校学生的就业形势更加严峻。自 1999 年我国高等教育扩招政策实施以来，高校毕业生人数迅速增长。"2010～2017 年的毕业生人数按照 2%～5% 的同比增长率逐年增长，近 7 年间累计毕业生人数达到 5706 万人。"[①]

---

① 中商产业研究院. 2018 届全国高校毕业生人数将达 820 万人 再创历史新高值（附历年毕业生人数统计）[EB/OL].（2017-12-07）[2018-12-09].http://www.askci.com/news/chanye/20171207/105320113516.shtml.

"2020 年高校毕业生数量将创历史新高，达到 874 万。"[①] 加之社会大众普遍认为民办高校学生所持的文凭含金量不高，这种观念导致民办高校毕业生在人力资本市场中处于弱势地位。

3. 教育资源分配的不公平

教育资源是指教育活动中所投入的一切人、财、物的总称。民办高等教育理所当然应该获得与公办高等教育同样比例的资源配置，但现实恰好相反。民办高等教育的资源分配遭遇不公平待遇突出表现在财政资助方面。目前，民办高校办学经费的来源主要是学费收入，难以得到国家财政经费资助。厦门大学邬大光教授曾经做过调查，显示民办高校在财政资源分配上的弱势地位。在 38 所发展较好的民办高校中，完全以学费滚动发展的有 14 所，学费收入占总收入 80%以上的有 17 所，两项合计 31 所。[②]

但是"我国目前缺乏完整的教育成本分担制度设计，公办高校受教育者的培养成本由政府和受教育者共同负担，民办高校受教育者的培养成本由受教育者独立负担，这主要体现在政府对学费标准的规定中"[③]。《民办教育收费管理暂行办法》（2005 年发布）规定"民办学校学历教育学费标准按照补偿教育成本的原则并适当考虑合理回报的因素制定"，即政府不需要承担民办高校成本，而是由学生独立承担培养成本和学校举办者的合理回报。这样的政策规定引发了民办高校学生的受教育权不公平的问题。

无疑，教育公平问题的解决将有利于民办高等教育的发展。政策法规的公平能够为民办高校建立良好的政策基础；社会认同的公平能够为民办高校营造和谐的社会环境；资源配置的公平能够为民办高校保证优质的教育质量。教育公平的提高最终仍然需要依靠教育的进一步和更加充分的发展[④]，而建立公平的制度环境是保障民办高等教育健康可持续发展的前提条件。由此我们可以推断，当前和未来民办高等教育政策的供给取向将明显倾向教育公平的方面发展与变化。

---

① 中国新闻网. 人社部：2020 年高校毕业生数量将达到 874 万 创历史新高[EB/OL]. （2020-02-19）[2020-03-16]. https://m.chinanews.com/wap/detail/sp/sp/shipin/cns-d/2020/02-19/news9097158.shtml.

② 邬大光. 中国民办高等教育发展状况分析（上）：兼论民办高等教育政策[J]. 教育发展研究，2001（7）：23-28.

③ 贾东荣. 分类管理机制下的民办高等教育财政资助[J]. 教育发展研究，2011（24）：32.

④ 谢维和，李乐夫，孙凤，等. 中国的教育公平与教育发展：关于教育公平的一种新的理论假设及其初步证明[M]. 北京：教育科学出版社，2008：203.

附　　录

附表 1　民办高等教育相关的主要政策文件一览表

序号	颁布时间	政策文件	发布机构
1	1982 年	《中华人民共和国宪法》	全国人民代表大会
2	1985 年	《中共中央关于教育体制改革的决定》	中共中央、国务院
3	1987 年	《关于社会力量办学的若干暂行规定》	国家教育委员会
4	1987 年	《社会力量办学财务管理暂行规定》	国家教育委员会、财政部
5	1988 年	《社会力量办学教学管理暂行规定》	国家教育委员会
6	1991 年	《社会力量办学印章管理暂行规定》	国家教育委员会、公安部
7	1993 年	《中国教育改革和发展纲要》	中共中央、国务院
8	1993 年	《民办高等学校设置暂行规定》	国家教育委员会
9	1995 年	《中华人民共和国教育法》	全国人民代表大会
10	1996 年	《全国教育事业"九五"计划和 2010 年发展规划》	国家教育委员会
11	1997 年	《社会力量办学条例》	国务院
12	1998 年	《中华人民共和国高等教育法》	全国人民代表大会常务委员会
13	1998 年	《面向 21 世纪教育振兴行动计划》	教育部
14	2002 年	《中华人民共和国民办教育促进法》	全国人民代表大会常务委员会
15	2004 年	《中华人民共和国民办教育促进法实施条例》	国务院
16	2005 年	《民办教育收费管理暂行办法》	国家发展和改革委员会、教育部、劳动和社会保障部
17	2007 年	《民办高等学校办学管理若干规定》	教育部
18	2010 年	《国家中长期教育改革和发展规划纲要（2010—2020 年）》	国家中长期教育改革和发展规划纲要工作小组办公室

附表 2　民办高等教育政策阶段内容与特征描述

阶段	时间	标志性政策	主要教育政策	主要政策内容	阶段特征
滥觞与起步	1982～1993 年	《中华人民共和国宪法》	《关于社会力量办学的若干暂行规定》（1987）	① 明确社会力量办学的合法地位； ② 初步定位民办高等教育为国家办学的补充； ③ 关注社会力量办学的具体事项管理	破冰引航
推进与发展	1993～1999 年	《中国教育改革和发展纲要》	《社会力量办学条例》（1997）和《民办高等学校设置暂行规定》（1993）	① 强调和重申民办高等教育作为国家办学补充的地位； ② 明确国家发展民办高等教育的基本方针； ③ 推动高等教育办学主体多元化； ④ 坚持民办高校"不得以营利为目的"的办学宗旨	彷徨前行
拓展与延伸	1999～2010 年	《面向 21 世纪教育振兴行动计划》	《中华人民共和国民办教育促进法》（2002）、《中华人民共和国民办教育促进法实施条例》（2004）和《民办高等学校办学管理若干规定》（2007）	① 以"合理回报"缓解合法性危机； ② 提出"依法管理"的重要方针； ③ 重点关注产权问题； ④ 完善规范办学行为的具体措施	有法可依
调适与深化	2010 年至今	《国家中长期教育改革和发展规划纲要（2010—2020 年）》	《中华人民共和国民办教育促进法（2018 修正）》	① 重新确定民办高等教育在高等教育体系中的地位； ② 落实与细化"依法管理"方针； ③ 重视公共财政的扶持与资助； ④ 清除并纠正各类歧视政策	迈向治理

后　记

"不经一番寒彻骨，怎得梅花扑鼻香。"完成本书的过程让我更加体会到这句诗的韵味。本书的选题起于我在民办高校十四年的工作经历，在选题之初，痛苦与纠结曾让我多次落泪，但是坚强和不服输的性格让我不断鼓励和告诫自己，做学问与做人是同样的道理，只有踏实与认真，才能收获满意的果实和认可。

感谢我的恩师王德清教授！由衷地感激王老师让我此生有幸迈入博士学习的殿堂，虽然这条路途充满几多的辛苦，但是让我更多体会到的是那份付出后的充实与满足。他在本书写作过程中给予了我很大的启发和清晰的思路，不断地鼓励我克服困难完成本书的写作。王老师总是那么耐心地给我指导，并启发我不断感悟与思考。在我深感压力的时候，王老师和师母总会给我温暖的关怀。

感谢张学敏教授！张老师可谓对我影响很大的老师。他渊博的学识和严谨的治学态度深深地影响着我，每次与他的交谈都会让我收获颇丰。他严厉的目光中透出的是对学生真实的关心。在本书写作过程中，张老师给我提出了许多宝贵的建议，尤其是本书写作框架的确定。

感谢陈恩伦教授！陈老师博学多才、待人谦逊，总能一语中的。他在本书撰写之初和写作过程中多次抽出宝贵的时间给我指导，使我得以继续写作本书。

感谢孙振东教授！孙老师直言快语，为人直爽。在与孙老师最初的接触中，我认为他过于严苛。经过与孙老师的多次聊天，我才真正理解孙老师的严格要求是对我最大的关心与帮助。他的宝贵建议为我调整写作思路、完善本书结构提供了巨大的帮助。

感谢杨挺教授！杨老师待人诚恳，平易近人。当我陷入思考的瓶颈之时，他多次给我提出建设性的意见，仔细指导我写作思路的调整。

感谢么加利教授！么老师待人真诚，是我的良师益友，他指出了本书中的许多问题，多次对我进行点拨。

感谢周安平教授！周老师在本书写作过程中也给予我各种有益的建议和指导。

感谢给予我启迪与智慧的学界前辈们！在本书写作过程中，我受到诸多学界前辈的学术和理论的启发，没有前辈们的研究成果，本书是无法完成的。我在此表达由衷的敬意和深深的谢意。

感谢父亲、母亲和妹妹！虽然父亲已在天堂，但是他的谆谆教诲将伴我此生，他的不断鼓励与支持成为我心无旁骛地工作和学习的动力。母亲和妹妹总是给予我最为温暖的鼓励和支持，特别是在本书写作陷入困境时妹妹总会送给我特别的礼物及写满鼓励话语的卡片，这些成为我不断前行的源源动力。

感谢丈夫和儿子！丈夫总能在我深感本书写作压力巨大之时给予我暖暖的爱，并且帮助我完成本书的修改及部分图表的制作。儿子的独立懂事让我深感欣慰，孩子的陪伴是我工作的巨大动力。

感谢我的同学们！能与他们成为同学并建立真挚的友谊是我人生的一大幸事。在此我要特别感谢刘波、郑子莹、刘小强、方晓田、王华、尹博、金强、金绍荣，感谢他们在我写作本书的过程中给予我的无私帮助与支持。

感谢我的领导和好朋友们！他们给予了我很多的帮助与支持，能有幸与他们共事是一种莫大的缘分。在此特别感谢我的领导张家琼、刘弟琼、胡培根、吴舸、马宁、范华泉、唐启余、邓巧冬、孙华余。同时，十分感谢我的好朋友胡秋梦、刘江燕、骆书於、刘真、李盛姝、辜帆、季公关、王怡丁、郭维、李莎、余曦等给予的大力支持。

再一次感谢给予我无私帮助和支持的人们！

路漫漫其修远兮，吾将上下而求索！

罗腊梅

2020 年 3 月